2004年中国十大考古新发现之一

出土礼器

南京博物院　江苏省考古研究所

无锡市锡山区文物管理委员会　编著

文物出版社

封面题签：章剑华

封面设计：周小玮
责任印制：张道奇
责任编辑：张庆玲

图书在版编目（CIP）数据

鸿山越墓出土礼器/南京博物院，江苏省考古研究所，
无锡市锡山区文物管理委员会编著.—北京：文物出版社，
2007.5

ISBN 978-7-5010-2147-5

Ⅰ.鸿… Ⅱ.①南…②江…③无… Ⅲ.礼器—古器皿—
简介—中国—越国（？～前306）Ⅳ.K875.2

中国版本图书馆CIP数据核字（2007）第058887号

鸿 山 越 墓 出 土 礼 器

南京博物院　江苏省考古研究所
　　　　　　　　　　　　　　　　编著
无锡市锡山区文物管理委员会

*

文 物 出 版 社 出 版 发 行

（北京市东直门内北小街2号楼）

http://www.wenwu.com

E-mail：web@wenwu.com

北京图文天地中青彩印制版有限公司制版印刷

新华书店经销

889×1194　1/16　　印张：11.75

2007年5月第1版　2007年5月第1次印刷

ISBN 978-7-5010-2147-5　定价：320.00元

Ritual Objects from the Burials of the Yue State at Hongshan

Nanjing Museum

Jiangsu Provincial Institute of Archaeology

Cultural Relics Management Committee of Xishan District, Wuxi

Cultural Relics Press

序

　　无锡地处我国经济最发达的长三角地区，东毗苏州、上海，西邻常州，北濒长江，南接湖州，物产丰富，交通便利，物华天宝，人杰地灵；浩瀚的太湖，包孕吴越，自古以来在无锡这片热土上演绎了多少可歌可泣的悲壮故事，也沉淀了多少鲜为人知的历史古迹。

　　无锡的历史可追至商代末期的太伯奔吴，无锡的鸿山镇和梅村镇现有全国重点文物保护单位"太伯墓"和"太伯庙"；而根据考古发掘，无锡的历史还可上溯到马家浜文化时期。2000年南京博物院发掘的无锡彭祖墩遗址，有力地证明了早在距今7000年前后的马家浜文化时期就有人类生息繁衍在这块热土上；而其后发掘的象塔头墩和邱承墩遗址，更是证明了无锡的历史经马家浜文化、崧泽文化、良渚文化、马桥文化至吴越文化，一脉相传，延绵不断。

　　鸿山越国贵族墓地的考古发掘，是进入21世纪以来在无锡市进行的最重要的抢救性考古发掘，也是我省又一次被评为"全国十大考古新发现"的项目。

　　鸿山越国贵族墓地的考古工作自2003年春开始至2005年夏结束，三易寒暑，共计发掘了老虎墩、老坟墩、曹家坟、邹家墩、杜家坟、万家坟、邱承墩等战国时期的越国贵族墓葬7座。由于鸿山墓地在无锡和苏州交界处，经济相对欠发达，交通极其不便，其工作之艰辛，生活之艰苦，难以想象。尤其是在清理邱承墩特大型墓葬中的大量随葬文物时，考古队的同志怀着高度的责任感和使命感，在墓边搭起帐篷，日夜守护，风餐露宿，毫不懈怠，既保证了考古工作的顺利进行，又保护了国家珍贵文物的安全。他们不畏辛劳的敬业精神，认真细致的工作态度，对文博事业的无限热爱和对考古学研究孜孜不倦的追求，令人感动。

　　无锡邱承墩特大型越国贵族墓，是继绍兴印山越王陵之后最重要的越国贵族墓葬，不仅填补了春秋战国时期越国考古资料的空白，而且首次揭示了越国贵族墓地的埋葬制度、等级制度和春秋战国时期越国的社会性质；鸿山越国贵族墓地出土的400件仿青铜器的青瓷和硬陶乐器，是继湖北随县曾侯乙墓之后最重要的考古发现，对于我国音乐史的研究和越国礼乐制度与中原礼乐制度相互关系的研究，有着积极的意义；鸿山越国贵族墓出土的最高等级的青瓷器，对我国青瓷史的研究有着重要意义；鸿山越国贵族墓出土的玉器，造型和工艺堪称精美绝伦。鸿山越国贵族墓除了出土成组成套的礼器乐器之外，还首次出土了许多鲜为人知的越国贵族用器，如琉璃釉盘蛇玲珑球形器、青瓷吊釜和沥水器、青瓷温酒器和冰酒器、青瓷三足缶、青瓷振铎、青瓷盘蛇悬鼓座、硬陶长方形兽足炙炉、玉飞凤、玉神兽管等。邱承墩出土的大量青瓷礼器、乐器和玉器，从一个侧面反映了越王勾践时期越国的强盛和辉煌，为东周时期的越国史乃至百越民族史的研究，提供了科学而翔实的考古资料，也为无锡市的文物保护工作提供了新的内容和新的契机。

无锡市委和无锡市政府对鸿山墓地的考古工作给予了高度的重视，对大遗址的保护表现出高度的责任感和使命感，专门成立了"鸿山遗址领导小组"，投入了大量的资金，对"鸿山墓群"进行科学规划和科学保护。

自2005年4月无锡鸿山越国贵族墓地被评为"2004年全国十大考古新发现"和2006年5月国务院公布了"鸿山墓群"为第六批"全国重点文物保护单位"之后，2006年7月由江苏省文物局主持通过了中国建筑设计院建筑历史研究所制订的《鸿山墓群保护总体规划》。按此规划，无锡将在鸿山一带建设生态保护区，将复原邱承墩越国贵族大墓和保护近百座尚未发掘的土墩，别具一格的鸿山遗址博物馆也将向世人展现其独特的风采，鸿山墓群将与安阳殷墟、西安兵马俑、广汉三星堆、成都金沙一样，成为我国著名的大遗址展示、保护和研究中心；同时也将成为无锡市的爱国主义教育基地、乡土文化教育基地和高雅的休闲旅游场所。

鸿山越国贵族墓地的考古发掘与保护工作充分体现了"保护为主，抢救第一，合理利用，加强管理"的文物工作方针；"鸿山墓群"的保护工作，正沿着科学化、法制化的轨道，有序地进行。"鸿山墓群"的考古发掘和保护工作，也将成为我省大遗址保护和文物考古工作的典范。

为了将这一重要发现及早地公之于世，江苏省考古研究所的同志再接再厉，不辞辛苦，任劳任怨，及时科学地编撰了《鸿山越墓发掘报告》，同时还编撰了与考古发掘报告相配套的《鸿山越墓出土礼器》、《鸿山越墓出土乐器》和《鸿山越墓出土玉器》三本图录。这是进入二十一世纪以来我省编辑出版的第一部大型考古学研究报告，报告全面报道了鸿山越墓的考古发掘成果，充分展示了鸿山越国贵族墓的风采，为学术界增添了新的研究内容，也为"文化江苏"的建设做出了新的贡献。

进入新世纪以来，在各级党委、政府的关心和支持下，经过全省考古工作者的辛勤努力，江苏的考古工作成绩斐然，佳报频传。继鸿山越国贵族墓之后，句容、金坛周代土墩墓的发掘又被评为"全国十大考古新发现"。我衷心地希望全省的考古工作按照《江苏省文物事业发展规划》的要求，加强科学规划，规范考古管理，加快考古报告的编写出版，做好基本建设工程中的考古发掘，提升全省考古工作的整体水平，在现有工作的基础上，继续努力，再创辉煌。

在《鸿山越墓》即将出版之际，应负责鸿山越国贵族墓考古发掘和编撰报告的张敏同志之约，特为此书作序。

江苏省文化厅副厅长
江苏省文物局局长　王慧芬

2007年 4月 5日

目　　录
Table of Contents

鸿山越墓出土礼器概说

张　敏

　　鸿山越国贵族墓地位于无锡市锡山区鸿山镇的东北约1公里处，与苏州市相城区的黄埭镇毗邻。鸿山镇在无锡市的东南，苏州市的西北，距两地均约20公里。

　　由于鸿山开发区的建设，自2003年至2004年，南京博物院考古研究所在开发区的范围内发掘了7座战国早期的越国贵族墓，7座墓葬按土墩由南向北依次编号为老虎墩（WHDⅠM1）、老坟墩（WHDⅡM1）、曹家坟（WHDⅢM1）、邹家墩（WHDⅣM1）、杜家坟（WHDⅤM1）、万家坟（WHDⅥM1）、邱承墩（WHDⅦM1）[①]。

一　墓葬概况

　　根据封土的规模、墓葬的结构和随葬器物的种类、数量，7座墓葬可分为小型墓、中型墓、大型墓和特大型墓。

小型墓

　　2座。

　　老坟墩　长圆形馒首状土墩，东西向，长24.5、宽15、高2.5米。长方形浅坑墓，长4.75、宽3.25、深0.2米，方向112°。随葬器物52件。

　　邹家墩　长圆形馒首状土墩，东西向，长36.5、宽23.5、高1.7米。墓葬位于土墩近中部，坑长3.88、宽2.34、深0.35米，方向112°。随葬器物46件。

中型墓

　　2座。

　　曹家坟　长方形覆斗状土墩，东西向，长35、宽26.9、高3.5米。墓葬位于土墩中部，坑长8.56、宽2.32、深1.95米，方向112°。随葬器物93件。

　　杜家坟　长方形覆斗状土墩，东西向，长42.6、宽35.9、高2.8米。墓葬位于土

---

　　① W，无锡；H，鸿山；D，土墩；Ⅰ—Ⅶ，土墩编号；M，墓葬。

墩近中部，坑长8.05、宽2.44、深1.02米，方向112°。随葬器物74件。

大型墓

2座。

万家坟　长方形覆斗状土墩，东西向，长42.6、宽35.9米，封土高3.8米。墓葬位于土墩中部，直接在表土上铺垫木料构筑而成墓床，即先纵铺3条东西向垫木，在其上再横铺60余根经过加工的南北向木料，形成长方形墓床，长16.68、宽5.07米，墓向110°。墓床上放置墓主和随葬器物516件。

老虎墩　由于筑路挖取封土，土墩及墓葬上部已完全破坏，仅存墓底。土墩为长方形，东西向，其残留部分长约56、宽约43米。墓葬位于土墩中部，墓床为直接在表土上铺垫横木构筑，墓床形制与万家坟相同，垫木残长8.6、宽6.6米，方向约110°。随葬器物散落四周，经过清理，可修复者达365件。

特大型墓

1座。

邱承墩　长方形覆斗状土墩，东西向，封土长78.6、宽50.8、高5.4米。墓葬位于土墩中部，竖穴，深坑，平面呈"中"字形，由于土墩东部已被挖去，墓坑残长56.7米，方向110°，分为墓道、墓室和后室三部分，墓室内还用木板隔成主室和南、北侧室。墓道长21.2、宽3.65米；墓室长23.6、宽6.3米；后室长11.9、宽3.2米；坑深3米。墓道南壁有长圆形壁龛，底部稍低于墓道，长3.4、宽0.9、高0.5米；墓道中间有一条宽0.2米的排水沟；后室之外还有长梯形斜坡状排水沟，沟长约12米。

该墓早年被盗，四个盗洞均在墓室上方，开口于原封土之上，直达墓底，大致在置放墓主的位置。尽管如此，随葬器物仍多达1098件。

墓葬的基本概况可归纳为：

小型墓，坑长4米左右，随葬器物50件左右；

中型墓，坑长8米左右，随葬器物100件左右；

大型墓，墓长16米左右，随葬器物500件左右；

特大型墓，坑长60米，随葬器物1000件左右。

二　礼器概况

礼器主要出土于特大型墓葬邱承墩和大型墓葬老虎墩、万家坟，中、小型墓葬中亦随葬少量礼器。所有墓葬出土的礼器皆为明器，即仿青铜器的青瓷器或陶器。仿铜的礼器不仅造型与青铜器一致，还贴有青铜器常见的兽首流、兽面耳或铺首，而纹饰则以戳印的"C"形或"S"形纹模仿春秋战国时期流行的蟠螭纹或蟠虺纹。

邱承墩随葬青瓷礼器500余件，器形有盆形鼎、瓿形鼎、兽面鼎、盖豆、壶、三足壶、扁腹壶、盒、盖盒、盆、三足盆、鉴、匜、罍、罐、盃、温酒器、冰酒器、酒杯、吊釜、盘、三足盘、钵、碗、小豆、虎子、角形器、璧形器和琉璃釉盘蛇玲珑球形器等，除罍、鉴等大件青瓷器置放于墓室前部、青瓷璧形器和角形器置放于墓室后部外，主要置放于后室，而四件琉璃釉盘蛇玲珑球形器则与玉器置放在一起，当在墓主的身上或身旁。

老虎墩随葬硬陶礼器100余件，器形有盆形鼎、兽面鼎、罍、罐、盉、三足匜、圈足炉盘、炙炉、碗、钵、盅、角形器、璧形器等，置放情况不明。

万家坟随葬硬陶、泥质陶礼器100余件，器形有盖鼎、提梁罐、盉、匜、盆、盘、炉盘、炙炉、角形器、璧形器等，主要置放于墓葬西部。

出土礼器数量最多的墓葬是邱承墩，而且全部礼器均为青瓷制作；其次为老虎墩，随葬的礼器为硬陶制作；而万家坟出土的礼器少量为硬陶，大部为泥质陶制作。

根据随葬礼器的数量质地分析，邱承墩随葬的皆为青瓷乐器；老虎墩主要为硬陶器，而万家坟主要为泥质陶器。因此大型墓葬还可分为两个等级，即老虎墩的等级高于万家坟。

三　礼器概说

鸿山越国贵族墓出土的礼器，大致可分为两个系统，即越系统和中原系统。

仿中原系统的礼器有盖鼎、盖豆、壶、盆、盘、鉴、匜、盉等，基本组合为鼎、豆、壶，然越可能受到楚、徐的影响，其数量明显不合周礼。

越系统的礼器有越式鼎，包括盆形鼎、瓿形鼎和兽面鼎，而兽面鼎在越之外还流行于舒；常见的礼器还有罐、筒形罐，盆、盘、碗、鸟形钮盖钵、角形器、璧形器等。而温酒器、冰酒器、吊釜和沥水器、扁腹壶、圈足炉盘、长方形炙炉、虎子、琉璃釉盘蛇玲珑球形器等，都是新发现的越国礼器。

成套的青瓷温酒器、冰酒器是首次发现，由此可见越国贵族生活的奢华。冬季使用的温酒器由炉盘、温酒器组成，炉盘内置炭，有的底部还有细条形镂孔，温酒器内置水，小孔内置酒杯，以火温水，以水温酒，科学合理；夏季使用的冰酒器与温酒器的结构基本相同，其下为承盘，内可置冰，冰酒器内置水，小孔内置酒杯，冰降水温，水降酒温。南方的吴越亦有冰室，"阊门外郭中冢者，阖闾冰室也"[①]；"东郭外南小城者，句践冰室，去县三里"[②]。冰酒器

① 《越绝书·卷二·记吴地传》，上海古籍出版社，1985年。
② 《越绝书·卷八·记地传》，上海古籍出版社，1985年。

的发现，可证春秋战国时期的吴、越有冰室并非虚言。

青瓷吊釜、沥水器是在釜内烧水用以烫碗、烫酒杯的卫生器皿，吊釜内的水烧开后，将碗或酒杯倒扣在沥水器内，置入釜中，沥水器提起后，碗、杯上的水自然流下，既卫生又科学。虎子亦同样为卫生器具，这是目前所发现的最早的青瓷虎子，其造型与江苏丹徒王家山出土的青铜虎子相同，然流上有缺，显然为溺器。可见虽在蛮荒之地的越国贵族，其生活也十分讲究。

除青瓷礼器外，硬陶礼器的制作亦有浓郁的地方特色。

硬陶盉的器身作小口罐形，下有三足，前出兽首流，肩部有对称的半环形提耳，为首次发现的越国礼器；

硬陶提梁罐的提梁为兽身，两端出兽首和兽尾，身上装饰鸡冠状脊刺，为罕见的越国礼器；

硬陶带盖盉的盖钮为一立鸟，肩部贴三个立鸟，造型十分生动。

硬陶圈足炉盘是典型的越国礼器，其造型与诸暨次坞上河出土的青铜炉盘相同。青铜圈足炉盘还见于徐[①]， 越地流行的圈足炉盘可能受到徐的影响。

硬陶长方形炙炉为烤肉用的器具，其造型与西汉南越王墓出土的青铜炙炉完全相同，可见越国贵族烤肉的传统一直延续到西汉。

此外，礼器中的低温烧制的陶胎琉璃釉盘蛇玲珑球形器更是罕见，整个玲珑球由盘曲的八条蛇构成，蛇身饰点状琉璃釉和红彩。蛇是越人的图腾，据《吴越春秋》记载：伍子胥"造筑大城，……越在东南，故立蛇门，以制敌国。……越在巳位，其位蛇也，故南大门上有木蛇，北向首内，示越属于吴也"[②]， 此云吴人以蛇代越；而《越绝书》云："于是作为策楯，婴以白璧，镂以黄金，类龙蛇而行者，乃使大夫种献于吴"[③]， 则是越人以蛇自代，以示屈吴。可见在春秋战国之际，越仍以蛇作为国家的象征。琉璃釉盘蛇玲珑球形器不见于记载，亦不知其器名与作用。根据其置放位置和由越国的图腾蛇构成，可能为越国王权或神权的象征。

礼器的质地、数量、组合，不仅反映了春秋战国时期越国存在着森严的等级，而且反映了越国在模仿中原的同时，更是顽强地保留了自身的礼制特征，可能在越国内部，可能存在着鲜为人知的"越礼"。

鸿山越国贵族墓出土的礼器，以青瓷器居多。其中有少量的青瓷器造型规整，胎色泛白，内外施釉，釉色泛青泛绿，胎釉结合极好。然囿于以往的习惯认识，凡汉代以前的青瓷器均冠以"原始"，称之为原始青瓷器。

判断是否为青瓷或原始青瓷的标准原本是一个理化标准，当对某一件瓷器进行理化测试时，符合这一标准的即成熟青瓷，而达不到这一标准的即原始青瓷。然很长一段时间内，这一理化标准转换成了时代标准：即汉代以前的青瓷，皆称之为原始青瓷；而汉代以后的青瓷皆称之为成熟青瓷或青瓷。这一概

①　徐器自名"炉盘"。见江西省历史博物馆：《江西靖安出土春秋徐国铜器》，《文物》1980年第8期。

②　《吴越春秋·阖闾内传》，江苏古籍出版社，1986年。

③　《越绝书·卷十二·九术》，上海古籍出版社，1985年。

念的转换显然是极不科学的。

自汉代开始，历朝历代都有王公贵族使用的瓷器，亦有平民使用的瓷器；明清时期，既有官窑烧制的瓷器，亦有民窑烧制的瓷器。官窑和民窑烧制的瓷器有着品质的高下，而贵族和平民使用的瓷器更有着天壤之别，不可同日而语，亦不可一言以蔽之。事实上，在大量使用青瓷的六朝时期，在众多的小型墓葬中出土的青瓷器根本达不到成熟瓷器的理化标准；同样，在汉代以前的春秋战国时期，既有贵族使用的青瓷器，更多的是平民使用的青瓷器。以往在江浙地区发掘的绝大多数是小型土墩墓，进行理化测试的样本即出自这些平民墓，而未见一件高等级贵族墓葬出土青瓷的样本。以这一标准作为一个时代的标准，显然是以偏概全。任何一个时代，尤其是奴隶制时代，其最高的制作工艺生产的最高水平的产品是服务于最高等级的贵族。鸿山越国贵族墓出土的青瓷礼器，不仅器类复杂，器形罕见，而且青瓷的质量与常见的"原始青瓷"有着较大的差异。因此在描述鸿山越墓出土的青瓷礼器和乐器时，统称之青瓷，而不称置换概念后的"原始青瓷"。

鸿山越国贵族墓葬的发掘，还纠正了以往出土的越国礼器名称上的混乱。在浙江的绍兴、杭州、诸暨、慈溪、黄岩、上虞、余姚、萧山、海盐、海宁、长兴、安吉和江苏的苏州、吴江等地，均出土过越国礼乐器，然由于大多为零星出土和征集，而系统出土的较少，因此在器物定名上出现了许多模糊认识，如将乐器悬铃定名为"权"[①]，将温酒器的炉盘定名为"三足鉴"[②]等，不一而足。

因此，鸿山越国贵族墓出土的成组成套的礼乐器，为深入研究春秋战国时期越国的礼乐制度，为研究越国礼乐器的组合，乃至研究越文化与秦、楚、吴、徐、舒文化的相互关系，无疑有着重要的意义。

---

① 绍兴征集，见绍兴市文物管理局编：《绍兴文物精华·下卷》，浙江人民美术出版社，2000年。
② 萧山征集，见杭州市园林文物局编：《杭州文物精华》，人民美术出版社，2001年。

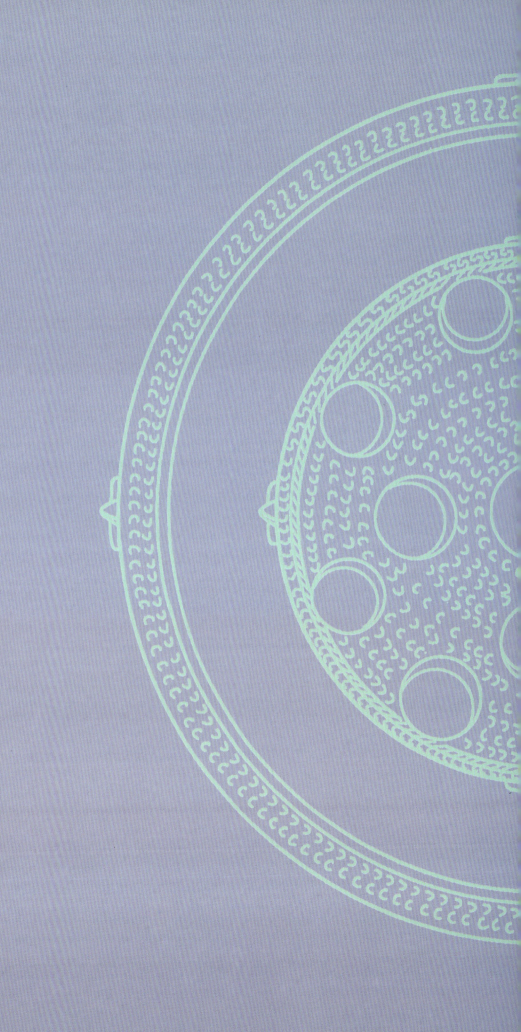

邱承墩

QIUCHENGDUN

1 青瓷罍 WHD ⅦM1：1

　口径18.8厘米　底径16.8厘米　高27.7厘米

　胎色灰白，釉色泛青。直口，鼓腹，平底，肩部有一对称的兽面耳。罕见的大型青瓷器。

Celadon Lei Vessel

Mouth diameter: 18.8 cm　Bottom diameter: 16.8 cm

Height: 27.7 cm

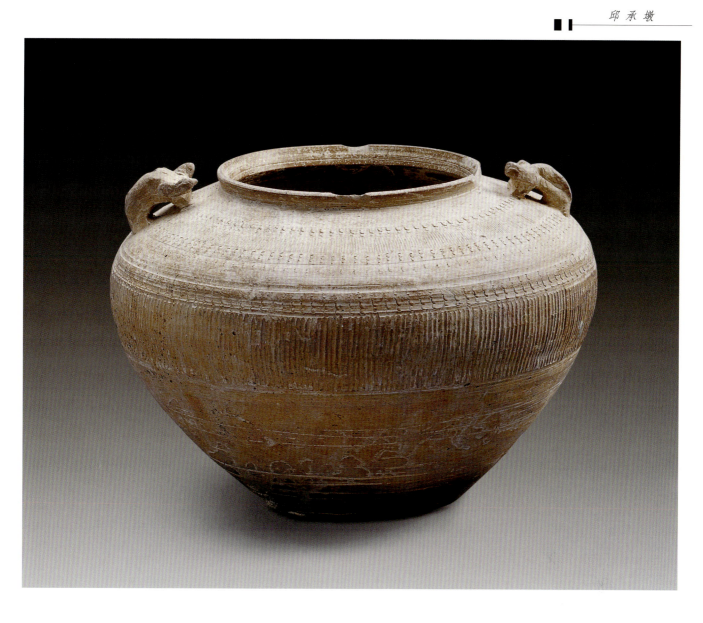

2 青瓷罐 WHDⅦM1：383

　　口径14.1厘米　底径10.7厘米　高17.6厘米

　　胎色灰白，釉色泛黄。侈口，弧腹，平底，
肩部有一对称的兽面耳，肩及上腹部饰戳印的

"C"形纹带，内及腹部饰竖刻划纹。

Celadon Pot

Mouth diameter: 14.1 cm　Bottom diameter: 10.7 cm

Height: 17.6 cm

3 青瓷盆形鼎 WHDVIIM1：708

口径22厘米 通高21.7厘米

胎色灰白，釉色泛黄，内外施釉。浅腹盆形，平底，立耳，耳面饰刻划叶脉纹，高足外撇。为典型的越式鼎。

Celadon Basin-shaped Ding Tripod

Mouth diameter: 22 cm Height: 21.7 cm

4 青瓷盆形鼎　WHDVⅡM1：897

口径16厘米　通高13.6厘米

胎色灰白，釉色泛黄。形同DⅦ

M1：708。

Celadon Basin-shaped Ding

Tripod

Mouth diameter: 16 cm　Height: 13.6 cm

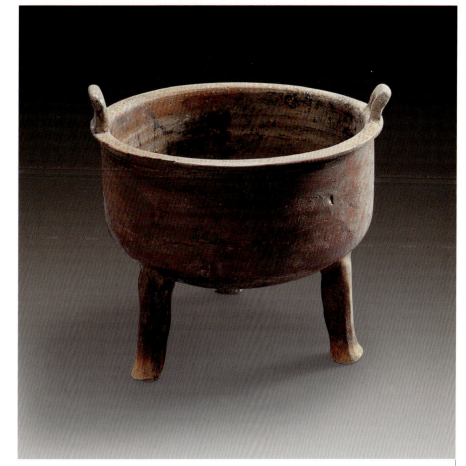

5 青瓷盆形鼎　WHDVⅡM1：699

口径19.2厘米　通高17.2厘米

胎色灰白，釉色泛黄。形同DⅦ

M1：708。

Celadon Basin-shaped Ding

Tripod

Mouth diameter: 19.2 cm　Height: 17.2 cm

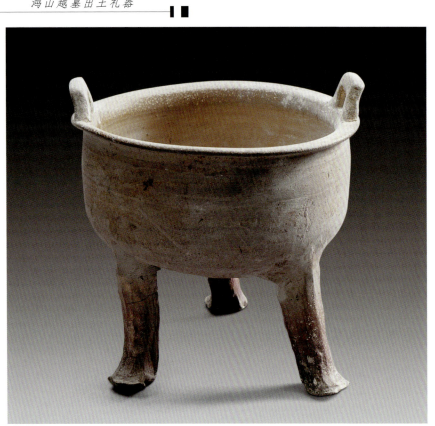

6 **青瓷盆形鼎**　WHDVⅡM1：861

口径16.7厘米　通高16厘米

胎色灰白，釉色泛黄。形同DⅦM1：

708。

Celadon Basin-shaped Ding Tripod

Mouth diameter: 16.7 cm　Height: 16 cm

7 青瓷盆形鼎组合

A set of Celadon Basin-shaped Ding Tripods

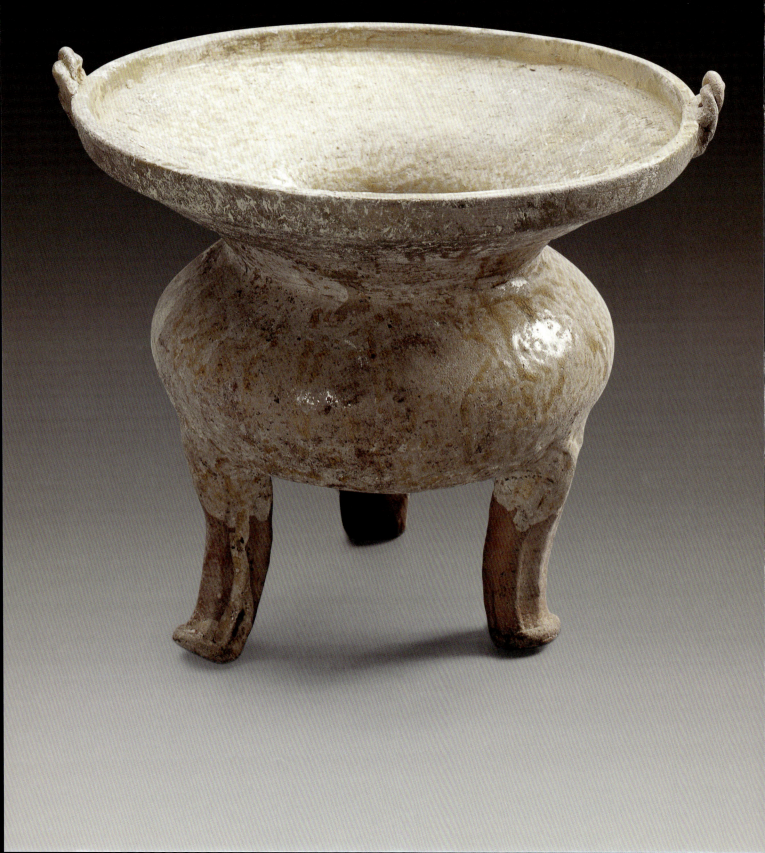

8 青瓷甂形鼎　WHDVIIM1：887

　　口径21厘米　通高19.3厘米

　　胎色灰白，釉色泛青。大口外侈，束腰，鼓腹，口径大于腹径，平底，口沿外侧有对称的绚索耳，足外撇。为典型的越式鼎。

Celadon Yan-shaped Ding Tripod

Mouth diameter: 21 cm　Height: 19.3 cm

9 青瓷甂形鼎　WHDVIIM1：665

　　口径16.8厘米　通高17厘米

　　胎色灰白，釉色泛黄。形同DVIIM1：887，唯口径与腹径几乎相等。

Celadon Yan-shaped Ding Tripod

Mouth diameter: 16.8 cm　Height: 17 cm

10 青瓷甂形鼎 WHDVⅡM1：837

口径17.2厘米 通高17.8厘米

胎色灰白，釉色泛黄。形同DⅧM1：887，唯

口径与腹径几乎相等。

Celadon Yan-shaped Ding Tripod

Mouth diameter: 17.2 cm Height: 17.8 cm

11 青瓷甗形鼎组合

A set of Celadon Yan-shaped Ding Tripods

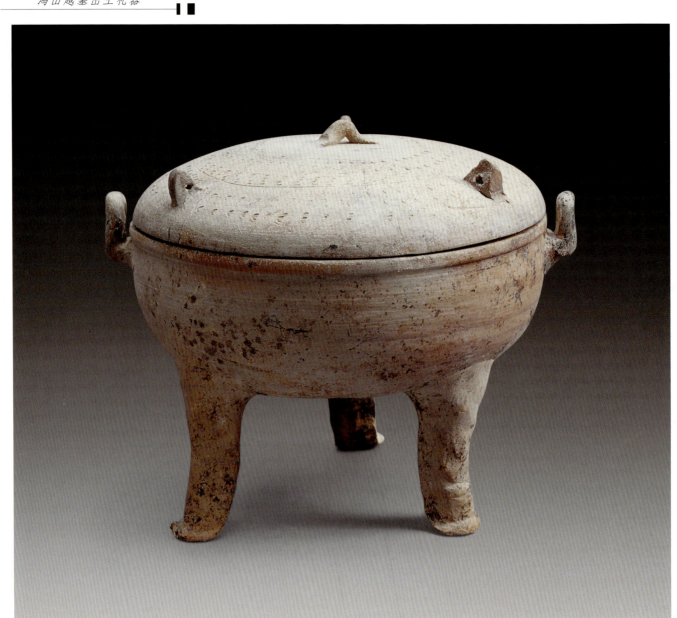

12 青瓷盖鼎　WHDⅦM1∶638

　　口径17.8厘米　盖径19.2厘米　通高17.6厘米

　　胎色灰白，釉色泛黄。子母口，浅腹，长方形附耳，圜底近平，足外撇，盖微鼓，顶部有一桥钮，周立三个小钮，盖饰三周戳印的"C"形纹。盖鼎带有明显的楚风格。

Celadon Lidded Ding Tripod

Mouth diameter: 17.8 cm Lid diameter: 19.2 cm Height: 17.6 cm

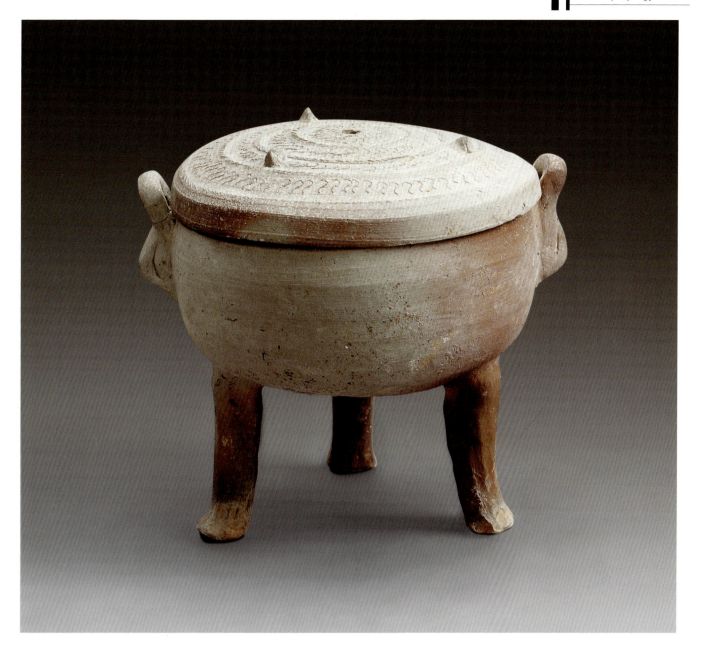

13 青瓷盖鼎　WHDⅦM1：885

口径13.6厘米　盖径14.6厘米　通高15.9厘米

胎色灰白，釉色泛黄。形同DⅦM1：638，唯盖顶无钮，穿一小孔，盖饰戳印的"S"纹和斜刻划纹带。

Celadon Lidded Ding Tripod

Mouth diameter: 13.6 cm　Lid diameter: 14.6 cm

Height: 15.9 cm

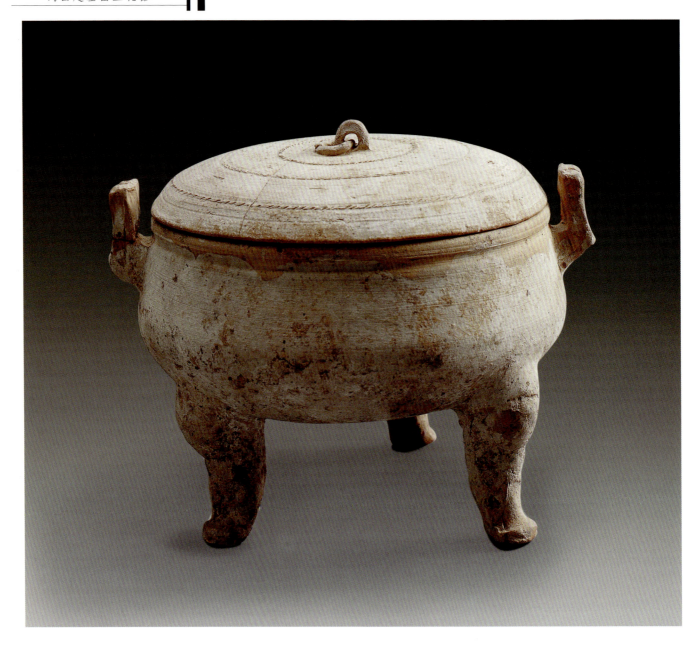

14 **青瓷盖鼎**　WHDⅦM1：912

　　口径12厘米　盖径13厘米　通高12.8厘米

　　胎色灰白，釉色泛黄。形同DⅧM1：638，盖

钮有一环，周饰斜刻划纹带。

Celadon Lidded Ding Tripod

Mouth diameter: 12 cm　Lid diameter: 13 cm　Height:

12.8 cm

15 青瓷盖鼎　WHDVⅧM1：891　　　Celadon Lidded Ding Tripod

　　口径12厘米　盖径12.9厘米　通高12厘米　　Mouth diameter: 12 cm　Lid diameter: 12.9 cm

　　胎色灰白，釉色泛黄。形同DⅧM1：638，唯　　Height: 12 cm

盖顶无钮。

16 青瓷盖鼎组合

A set of Celadon Lidded Ding Tripods

17 **青瓷带盖小鼎** WHDVIIM1∶876

口径10.8厘米 盖径11.4厘米 通高9厘米

胎色灰白，釉色泛黄。子母口，深腹，长方形附耳，圜底近平，矮足外撇，盖弧顶，立一桥

钮，周立三个小钮，盖饰刻划的"C"形纹。

Small Celadon Lidded Ding Tripod

Mouth diameter: 10.8 cm Lid diameter: 11.4 cm

Height: 9 cm

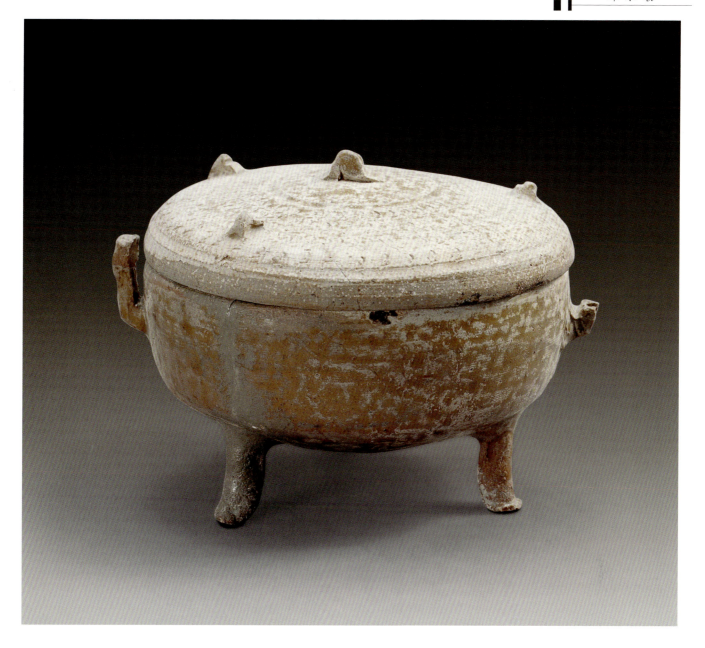

18 青瓷带盖小鼎　WHDⅦM1：692

口径10.8厘米　盖径11.4厘米　通高9厘米

胎色灰白，釉色泛黄。形同DⅦM1：876。

Small Celadon Lidded Ding Tripod

Mouth diameter: 10.8 cm　Lid diameter: 11.4 cm

Height: 9 cm

19 **青瓷带盖小鼎**　WHDⅦM1：868

口径10.8厘米　盖径11.4厘米　通高9厘米

胎色灰白，釉色泛黄。形同DⅦM1：876。

Small Celadon Lidded Ding Tripod

Mouth diameter: 10.8 cm　Lid diameter: 11.4 cm

Height: 9 cm

20 青瓷带盖小鼎　WHDⅦM1：996

口径11.2厘米　盖径11.6厘米　通高9厘米

胎色灰白，釉色泛黄。形同DⅦM1：876。

Small Celadon Lidded Ding Tripod

Mouth diameter: 11.2 cm　Lid diameter: 11.6 cm

Height: 9 cm

21 青瓷带盖小鼎组合

A set of Small Celadon Lidded Ding Tripods

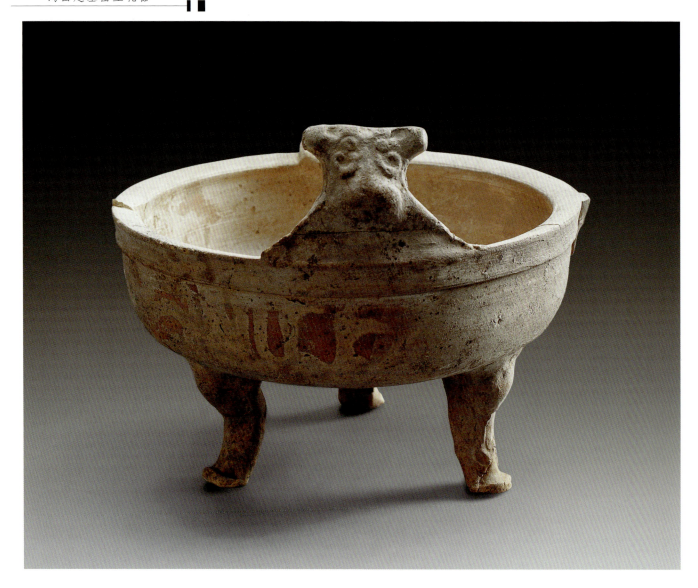

22 青瓷兽面鼎　　WHDVIIM1：911

口径17.2厘米　通高13.8厘米

胎色灰白，釉色泛黄。浅腹盆形，平底，足外撇，口沿一侧立一兽面，另一侧有一鋬。兽面

鼎主要流行于舒、越。

Celadon Ding Tripod with Beast Mask Design

Mouth diameter: 17.2 cm　Height: 13.8 cm

23 青瓷兽面鼎　WHDVIIM1：911

Celadon Ding Tripod with Beast Mask Design

24 青瓷兽面鼎　WHDⅧM1：659

口径14.5厘米　通高12.3厘米

胎色灰白，釉色泛黄。形同DⅧM1：911，唯

与兽面相对的一侧为立耳。

Celadon Ding Tripod with Beast Mask Design

Mouth diameter: 14.5 cm　Height: 12.3 cm

25 **青瓷兽面鼎**　WHDⅦM1：888

口径12厘米　通高11.4厘米

胎色灰白，釉色泛黄。形同DⅦM1：911，

唯与兽面相对的一侧为立耳。

Celadon Ding Tripod with Beast Mask Design

Mouth diameter: 12 cm　Height: 11.4 cm

26 青瓷兽面鼎组合

A set of Celadon Ding Tripods with Beast Mask Design

27 青瓷盖豆 WHDVIIM1∶881

口径20厘米 盖径20.6厘米 足径10.8厘米 通高14.2厘米

胎色灰白，釉色泛黄。子母口，浅盘，弧腹，圈足外撇，盖弧顶，立一桥钮，圈足及盖饰细弦纹。盖豆仿自中原，越地罕见。

Celadon Lidded Stemmed Dou Plate

Mouth diameter: 20 cm Lid diameter: 20.6 cm Stem diameter: 10.8 cm Height: 14.2 cm

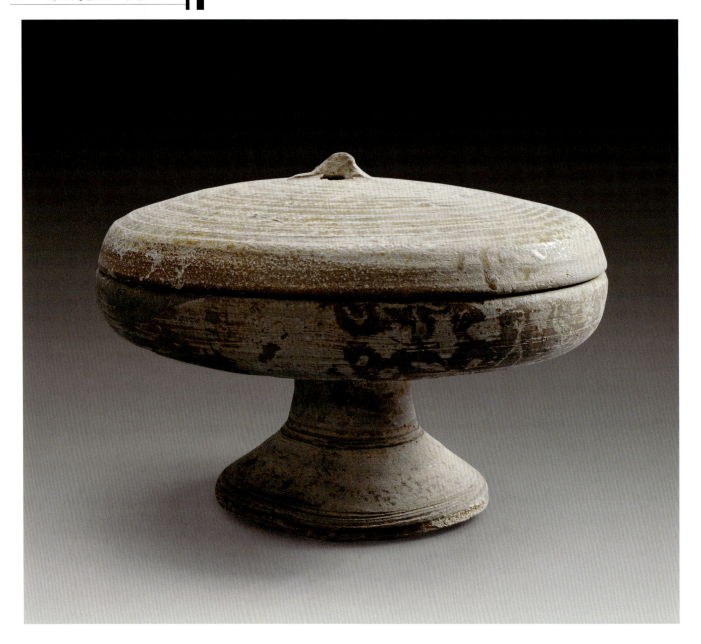

28 青瓷盖豆　WHDⅧM1：910

　　口径19.2厘米　盖径20.4厘米　足径10.8厘米　通
高14厘米

　　胎色灰白，釉色泛黄。形同DⅧM1：881。

Celadon Lidded Stemmed Dou Plate

Mouth diameter: 19.2 cm　Lid diameter: 20.4 cm　Stem
diameter: 10.8 cm　Height: 14 cm

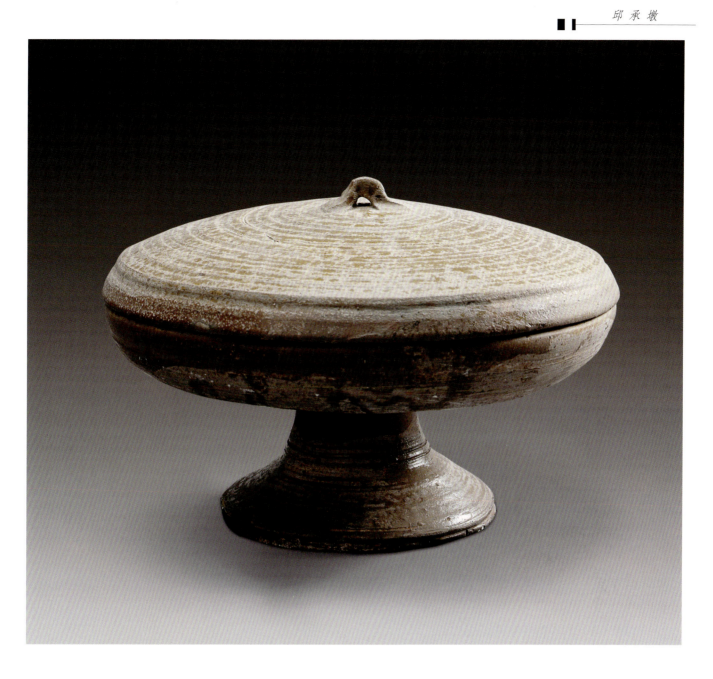

29 青瓷盖豆 　WHDVIIM1：616

口径20厘米　盖径20.6厘米　足径11.4厘米　通

高13.4厘米

胎色灰白，釉色泛黄。形同DVIIM1：881。

Celadon Lidded Stemmed Dou Plate

Mouth diameter: 20 cm　Lid diameter: 20.6 cm　Stem

diameter: 11.4 cm　Height: 13.4 cm

30 青瓷盖豆　WHDⅦM1：862

口径19.6厘米　盖径20.7厘米　足径11厘米　通
高13.8厘米

胎色灰白，釉色泛黄。形同DⅦM1：881。

Celadon Lidded Stemmed Dou Plate

Mouth diameter: 19.6 cm　Lid diameter: 20.7 cm　Stem
diameter: 11 cm　Height: 13.8 cm

31 青瓷盖豆 WHDⅦM1：635

口径20厘米 盖径20.7厘米 足径11厘米 通高
14厘米

胎色灰白，釉色泛黄。形同DⅦM1：881。

Celadon Lidded Stemmed Dou Plate

Mouth diameter: 20 cm Lid diameter: 20.7 cm Stem

diameter: 11 cm Height: 14 cm

32 青瓷盖豆组合

A set of Celadon Lidded Stemmed Dou Plates

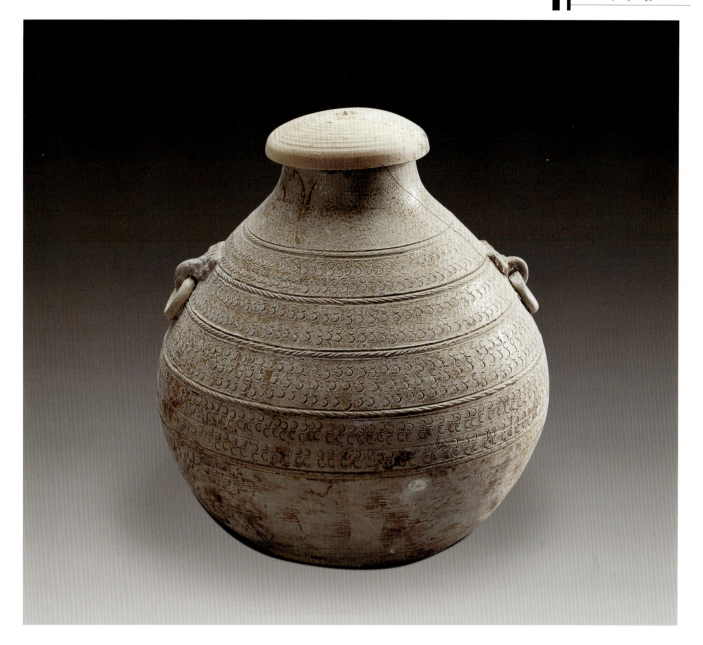

33 **青瓷壶** WHDⅦM1：476

口径8.3厘米 底径16.6厘米 通高27.2厘米

胎色灰白，釉色泛绿。直口，高领，溜肩，鼓腹，平底，肩部贴一对铺首衔环，盖平顶，子口，桥钮，肩、腹及盖饰戳印的"S"纹和斜刻划

纹带。壶亦仿自中原，越地罕见。

Celadon Hu Pot

Mouth diameter: 8.3 cm Bottom diameter: 16.6 cm

Height: 27.2 cm

34 **青瓷壶** WHDⅦM1：505

口径8.1厘米 底径16.8厘米 通高24.9厘米

胎色灰白，釉色泛黄。形同DⅦM1：476，唯盖可能为后配。

Celadon Hu Pot

Mouth diameter: 8.1 cm Bottom diameter: 16.8 cm

Height: 24.9 cm

35 青瓷壶组合

A set of Celadon Hu Pots

36 青瓷壶　WHDⅦM1∶836

方桥钮。

口径7.8厘米　底径12.9厘米　通高25.4厘米

Celadon Hu Pot

胎色灰白，釉色泛黄。直口，高领，溜肩，

Mouth diameter: 7.8 cm　Bottom diameter: 12.9 cm

肩部贴一对铺首耳，鼓腹，平底；盖子口，上立

Height: 25.4 cm

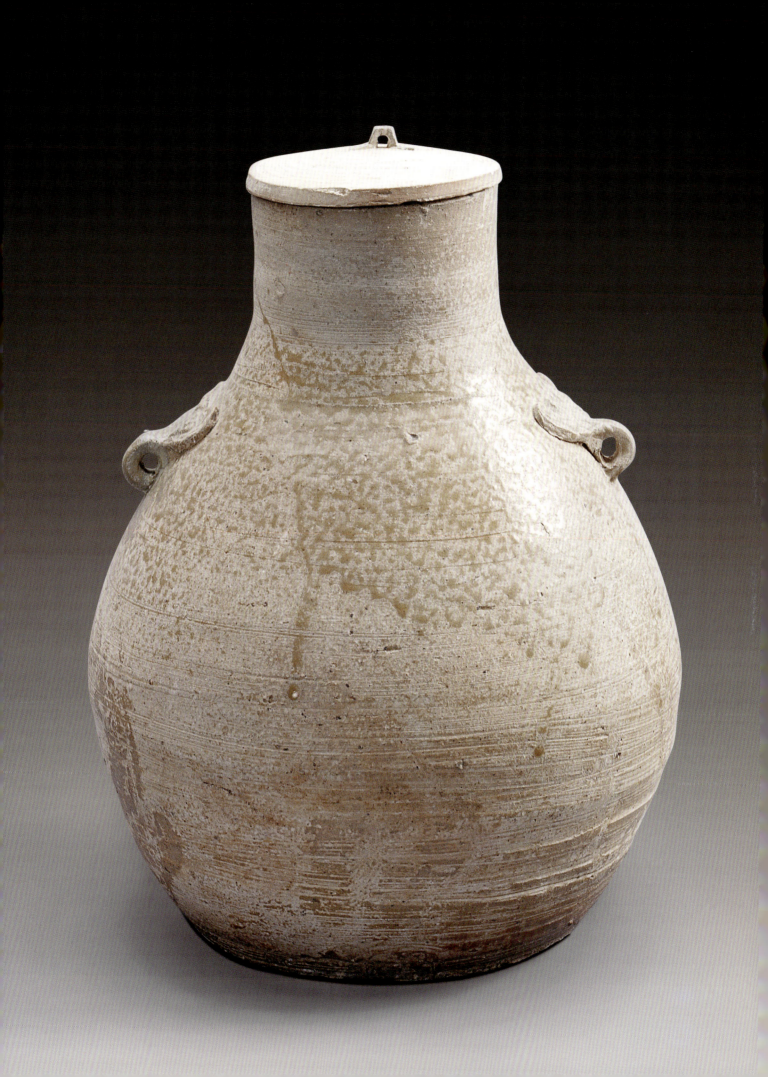

37 青瓷三足壶　WHDⅦM1：950

　　口径9.6厘米　底径12.8厘米　通高26.9厘米

　　胎色灰白，釉色泛黄。直口，溜肩，肩部有一对竖耳，鼓腹，平底，矮蹄足，盖平顶，子口，桥钮，盖饰两周戳印的"C"形纹。

Celadon Hu Tripod

Mouth diameter: 9.6 cm　Bottom diameter: 12.8 cm

Height: 26.9 cm

38 青瓷壶组合

A set of Celadon Hu Pots

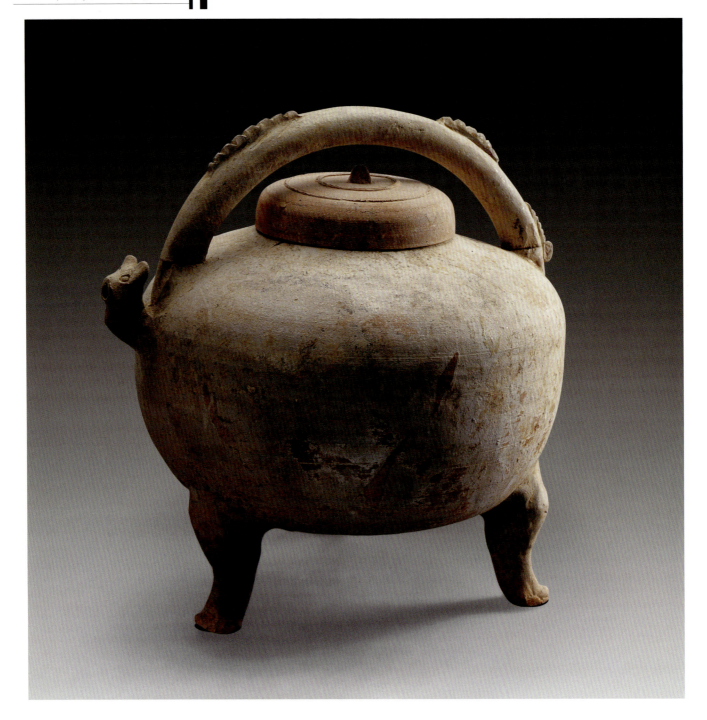

39 青瓷盉 WHDⅦM1∶918

口径8厘米　通高22.8厘米

胎色灰白，釉色泛黄。直口，有盖，盖顶立
一桥钮，斜肩，肩部有一提梁，提梁两侧贴冠状
条形饰，弧腹，一侧出一兽首管状流，平底，三
蹄足。素面盉在越地罕见。

Celadon He Vessel

Mouth diameter: 8 cm　Height: 22.8 cm

40 青瓷盉 WHDⅦM1∶1000

口径5厘米　通高20厘米

胎色灰白，釉色泛黄。直口，有盖，盖顶立
一桥钮，球腹，肩部有一提梁，提梁两侧贴冠状
条形饰，一侧出一兽首管状流，平底，矮蹄足，
腹部饰戳印的"C"形纹带。

Celadon He Vessel

Mouth diameter: 5 cm　Height: 20 cm

41 青瓷盉　WHDⅦM1：1001

口径4.8厘米　通高21.2厘米

胎色灰白，釉色泛黄。形同DⅦM1：1000。

42 青瓷盉组合

Celadon He Vessel

Mouth diameter: 4.8 cm　Height: 21.2 cm

A set of Celadon He Vessels

43 青瓷温酒器　WHDⅦM1：701、418

炉盘（DⅦM1：418）口径31.8厘米 底径17.2厘米 通高8.8厘米

温酒器（DⅦM1：701）上径25.8厘米 底径15.2厘米 通高7.8厘米

胎色灰白，釉色泛青。炉盘内置炭，上置温酒器；温酒器内置水，圆孔上置酒杯以温酒。炉盘敛口，内折沿，斜腹，口下贴四个兽面耳，平底，三矮蹄足，沿面及口下饰戳印的"S"纹；温酒器上部平，有十三个圆孔，斜腹，腹上贴四

个铺首，铺首外刻划长方形框，内填刻划网纹，平底，三矮蹄足，上部及上腹部饰戳印的"S"纹。为首次发现的越器。

Celadon Wine Warmer

Plate-shaped Stove（DⅦM1：418）：Mouth diameter: 31.8 cm　Bottom diameter: 17.2 cm　Height: 8.8 cm

Cup Container（DⅦM1：701）：Upper diameter: 25.8 cm　Bottom diameter: 15.2 cm　Height: 7.8 cm

44 青瓷温酒器　WHDⅦM1：701、418

Celadon Wine Warmer

45 青瓷冰酒器　WHDVⅡM1：419、516

承盘（DⅦM1：419）口径40.1厘米 底径21.6厘米 通高10.6厘米

冰酒器（DⅦM1：516）上径25.4厘米 底径12厘米 通高10.8厘米

胎色灰白，釉色泛黄。承盘内置冰，上置冰酒器，冰酒器内置水，圆孔上置酒杯以冰酒。承盘口沿内折，斜腹，平底，三矮蹄足，口下贴四个铺首，铺首外刻划长方形框，内填网纹，周饰戳印的"S"纹带；冰酒器上部微鼓，有十三个圆孔，腹微弧，腹上部贴四个铺首，铺首外刻划长方形框，周饰戳印的"S"纹带，底近平，三矮蹄足。为首次发现的越器。

Celadon Wine Cooler

Plate-shaped Cooler（DVⅡM1：419）: Mouth diameter: 40.1 cm　Bottom diameter: 21.6 cm　Height: 10.6 cm

Cup Container（DVⅡM1：516）: Upper diameter: 25.4 cm　Bottom diameter: 12 cm　Height: 10.8 cm

46 青瓷冰酒器　WHDVIIM1：419、516

Celadon Wine Cooler

47 青瓷酒杯　WHDⅦM1：407

口径5.5厘米　底径4.4厘米　高5.2厘米

胎色灰白，釉色泛黄。直口，直壁，下部内收，小平底，可置于温酒器或冰酒器的小孔内。

Celadon Wine Cup

Mouth diameter: 5.5 cm　Bottom diameter: 4.4 cm　Height: 5.2 cm

48 青瓷酒杯组合

A set of Celadon Wine Cups

49 青瓷鉴　WHDVIIM1：547

口径34.6厘米　底径19.2厘米　高18.7厘米

胎色灰白，釉色泛青。口微敛，弧腹，上腹
部贴有四个铺首，平底。为罕见的大型青瓷器。

Celadon Jian Basin

Mouth diameter: 34.6 cm　Bottom diameter: 19.2 cm

Height: 18.7 cm

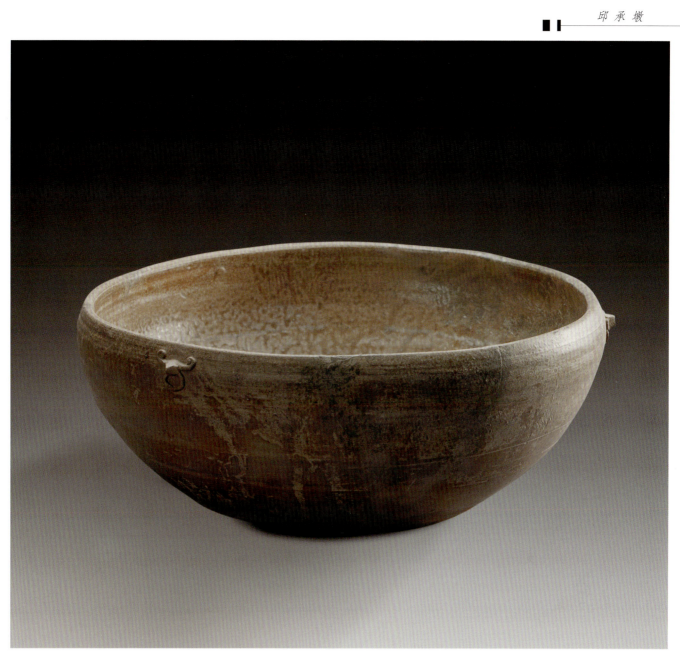

50 **青瓷鉴** WHDVIIM1：475

口径34.6厘米 底径16.2厘米 高13.4～14.4厘米

胎色灰白，釉色泛青。形同DⅦM1：547，唯

贴三个铺首。

Celadon Jian Basin

Mouth diameter: 34.6 cm Bottom diameter: 16.2 cm

Height: 13.4~14.4 cm

51 青瓷匜　WHDVIIM1：952

口径28厘米　底径13.5厘米　高11.6厘米　通长
36.2厘米

胎色灰白，釉色泛青，内外施釉。口微敛，
深弧腹，平底，一侧出一瓦状流，另外三侧贴三

铺首。匜仿自中原。

Celadon Yi Vessel

Mouth diameter: 28 cm　Bottom diameter: 13.5 cm　Height:

11.6 cm　Length: 36.2 cm

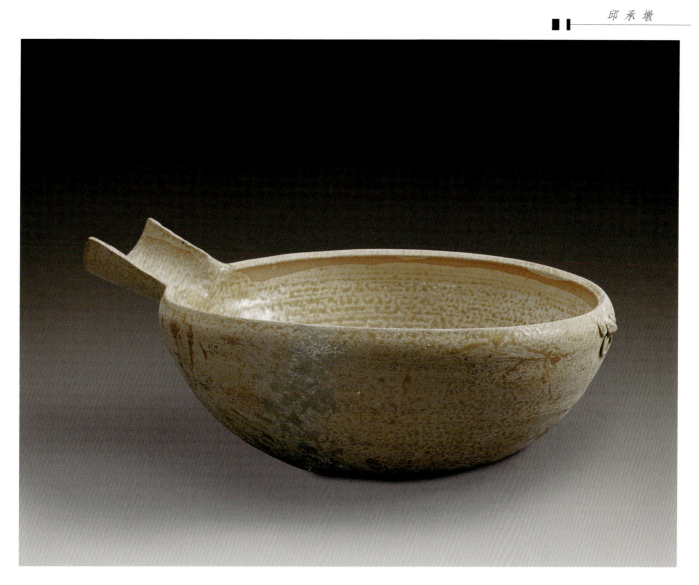

52 青瓷匜　WHDⅦM1：767

口径28.8厘米　底径14.5厘米　高13.4厘米　通

长35.6厘米

胎色灰白，釉色泛青，内外施釉。形同DⅦ

M1：952，唯与流相对的一侧贴一铺首。

Celadon Yi Vessel

Mouth diameter: 28.8 cm　Bottom diameter: 14.5 cm

Height: 13.4 cm　Length: 35.6 cm

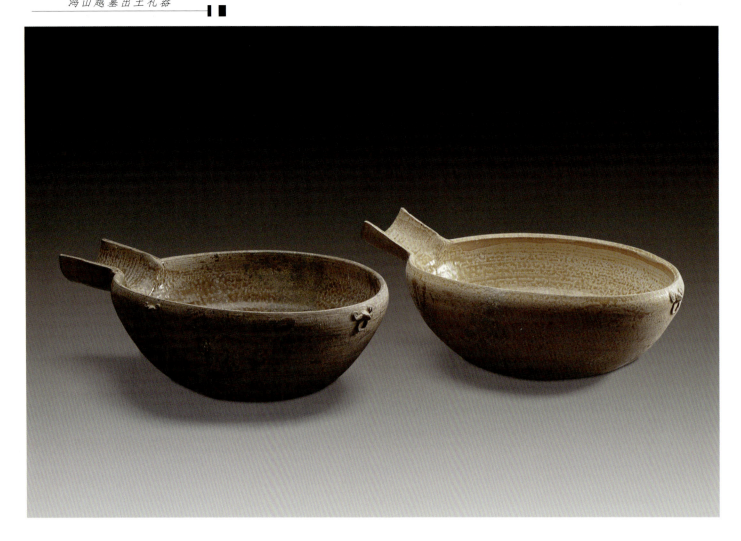

53 青瓷匜组合

A set of Celadon Yi Vessels

54 青瓷吊釜和沥水器　　WHDⅦM1：646、639

　　吊釜（DⅦM1：646）口径27.2厘米　底径16.4厘米　通高16.6～17.6厘米

　　沥水器（DⅦM1：639）口径17.4厘米　底径11厘米　高10.1厘米

　　胎色灰白，釉色泛黄。釜直口内折，直壁，平底，口内有一对绚索耳，耳外有半圆形立耳；

沥水器直口，斜壁，外侧有鋬，平底，底部有一圆孔。为首次发现的越器。

Celadon Bowl Washer Set

Fu Boiler（DVⅡM1：646）: Mouth diameter: 27.2 cm Bottom diameter: 16.4 cm Height: 16.6-17.6 cm

Bowl Container（DVⅡM1：639）: Mouth diameter: 17.4 cm Bottom diameter: 11 cm Height: 10.1 cm

55 青瓷吊釜和沥水器　WHDⅦM1：646、639

Celadon Bowl Washer Set

56 **青瓷吊釜和沥水器**　WHDVⅡM1：642、641、640

　　吊釜（DⅦM1：642）口径26.2厘米　底径16厘米　通高15.6厘米

　　沥水器（DⅦM1：641）口径19.5厘米　底径12.5厘米　高10.1～10.4厘米

　　沥水器（DⅦM1：640）口径13.5厘米　底径6.5厘米　高8～8.5厘米

　　胎色灰白，釉色泛黄。釜直口内折，直壁，平底，口内有一对绚索耳，可吊起，耳外有半圆形立耳以挡火；沥水器直口，斜壁，外侧有錾，平底，底部有一圆孔。出土时沥水器置于吊釜内，另有一叠碗口朝下扣于沥水器内，推测其使用方法是将吊釜内的水烧开后，将碗或杯倒扣于沥水器内，置于吊釜内烫后提起，水可自然沥下。为首次发现的越器。

Celadon Bowl Washer Set

Fu Boiler (DVⅡM1：642)：Mouth diameter: 26.2 cm　Bottom diameter: 16 cm　Height: 15.6 cm

Bowl Container (DVⅡM1：641)：Mouth diameter: 19.5 cm　Bottom diameter: 12.5 cm　Height: 10.1~10.4 cm

Bowl Container (DVⅡM1：640)：Mouth diameter: 13.5 cm　Bottom diameter: 6.5 cm　Height: 8~8.5 cm

57 青瓷吊釜和沥水器　WHDⅦM1：642、641、640

Celadon Bowl Washer Set

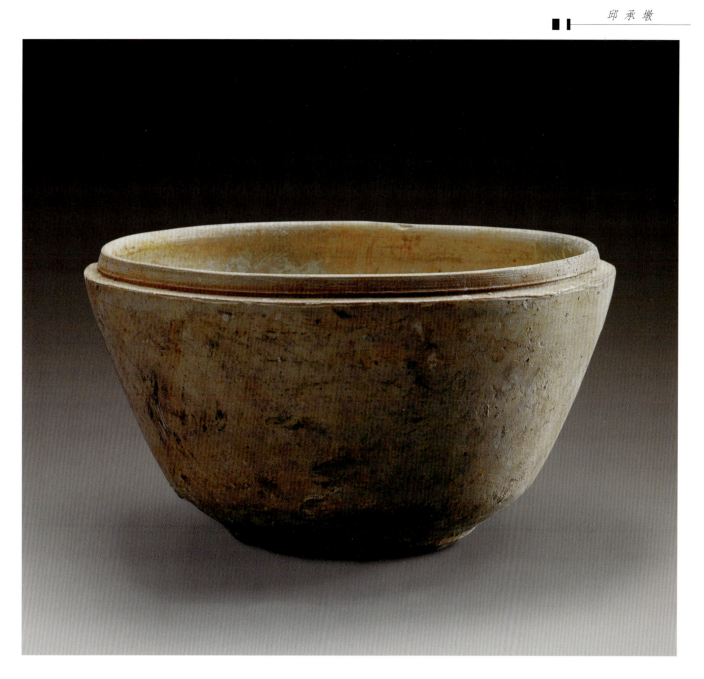

58 青瓷盒　WHDⅦM1：341

口径15.6厘米　底径7.6厘米　高8.6厘米

胎色灰白，釉色泛黄。子母口，斜壁，平
底。

Celadon Box

Mouth diameter: 15.6 cm　Bottom diameter: 7.6 cm

Height: 8.6 cm

59 青瓷盒　WHDⅦM1：340

口径13.4厘米　底径5.8厘米　高7厘米

胎色灰白，釉色泛青。形同DⅧMI：341。

Celadon Box

Mouth diameter: 13.4 cm　Bottom diameter: 5.8 cm

Height: 7 cm

60 **青瓷盖盒**　WHDVIIM1：332

口径11.8厘米　底径5厘米　通高8厘米

胎色灰白，釉色泛黄。子母口，弧壁，平底，盖微弧，顶部有一桥形钮。

Celadon Lidded Box

Mouth diameter: 11.8 cm　Bottom diameter: 5 cm

Height: 8 cm

61 青瓷钵形匜　WHDVIIM1：873、939

　　DⅦM1：837　口径15.2×18.2厘米　底径8厘米　高5.7厘米

　　DⅦM1：939　口径17×17.4厘米　底径7.8厘米　高5.6厘米

　　胎色灰白，釉色泛黄。敛口，弧腹，平底，

口部出一尖流。

Celadon Bo-shaped Yi Vessels

　　DVIIM1：837　Mouth diameter: 15.2 × 18.2 cm
Bottom diameter: 8 cm　Height: 5.7 cm

　　DVIIM1：939　Mouth diameter: 17 × 17.4 cm　Bottom
diameter: 7.8 cm　Height: 5.6 cm

62 青瓷附耳盆　WHDVIIM1：530

口径29.2厘米　底径14.8厘米　高11.2厘米

胎色灰白，釉色泛黄。平沿，直口，下腹内收，平底，口下有一对兽面附耳，沿面及上腹部饰刻划水波纹。

Celadon Basin with Attached Handles

Mouth diameter: 29.2 cm　Bottom diameter: 14.8 cm

Height: 11.2 cm

63 青瓷附耳盆　WHDVⅡM1：533

口径31.2厘米　底径10.8厘米　高12厘米

胎色灰白，釉色泛黄。形同DⅦMI：533。

Celadon Basin with Attached Handles

Mouth diameter: 31.2 cm　Bottom diameter: 10.8 cm

Height: 12 cm

64 青瓷附耳盆　WHD VII M1：477

口径30.8厘米　底径11.2厘米　高11.8厘米

胎色灰白，釉色泛黄。形同D VII MI：533。

Celadon Basin with Attached Handles

Mouth diameter: 30.8 cm　Bottom diameter: 11.2 cm

Height: 11.8 cm

65 青瓷附耳盆　　WHDⅧM1：542

口径31.4～32.2厘米　底径11.2厘米　高11.6厘米

胎色灰白，釉色泛黄。形同DⅧM1：533，唯附耳较小。

Celadon Basin with Attached Handles

Mouth diameter: 31.4~32.2 cm Bottom diameter: 11.2 cm Height: 11.6 cm

66 青瓷附耳盆　WHDⅦM1：515

口径31.2厘米　底径10厘米　高12.4～13.5厘米

胎色灰白，釉色泛黄。形同DⅦMI：533。

Celadon Basin with Attached Handles

Mouth diameter: 31.2 cm　Bottom diameter: 10 cm　Height:

12.4~13.5 cm

67 青瓷盆　WHDVⅡM1：870

口径26厘米　底径12.4厘米　高8.5～9.1厘米

胎色灰白，釉色泛青。形同DⅧMI：533。

Celadon Basin

Mouth diameter: 26 cm　Bottom diameter: 12.4 cm

Height: 8.5~9.1 cm

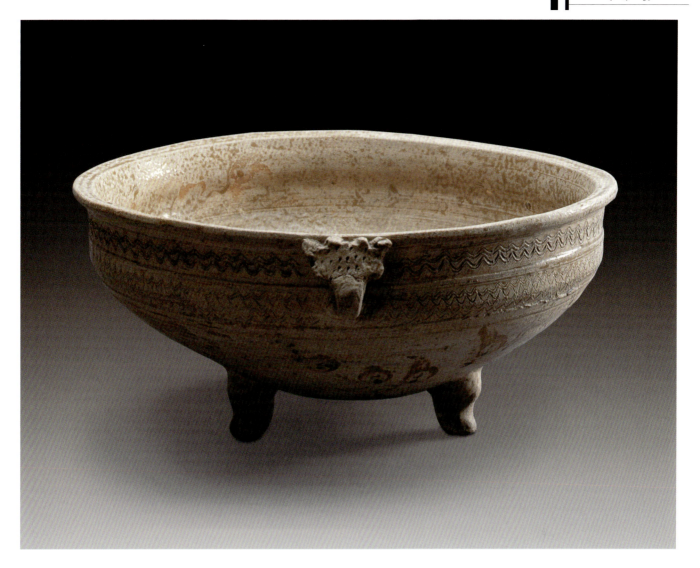

68 青瓷三足盆　WHDⅦM1∶2

　　口径27厘米　底径11.4厘米　通高12.4厘米

胎色灰白，釉色泛黄。形同DⅦMI∶533，下

有三矮蹄足。

Celadon Basin Tripod

Mouth diameter: 27 cm　Bottom diameter: 11.4 cm

Height: 12.4 cm

69 青瓷三足盆　WHDVIIM1：872

口径15.8厘米　通高6.8厘米

胎色灰白，釉色泛青。形同DVIIMI：533，下

有三矮蹄足，耳残。

Celadon Basin Tripod

Mouth diameter: 15.8 cm　Height: 6.8 cm

70 **青瓷盆**　WHDⅦM1：938

口径17.2厘米　底径7.8厘米　高5.4厘米

胎色灰白，釉色泛黄。口微侈，下腹内收，平底，上腹部饰刻划水波纹。

Celadon Basin

Mouth diameter: 17.2 cm　Bottom diameter: 7.8 cm

Height: 5.4 cm

71 青瓷盆　WHDVIIM1：974

口径17.5厘米 底径8.5厘米 高5.4厘米

胎色灰白，釉色泛黄。形同DVIIMI：938。

Celadon Basin

Mouth diameter: 17.5 cm　Bottom diameter: 8.5 cm

Height: 5.4 cm

72 青瓷盆　WHDVIIM1：601

口径18厘米　底径8.4厘米　高5.2厘米

胎色灰白，釉色泛黄。形同DⅦMI：938。

Celadon Basin

Mouth diameter: 18 cm　Bottom diameter: 8.4 cm

Height: 5.2 cm

73 青瓷盆　　WHDVIIM1：478

口径26.2厘米　底径10.4厘米　高11.2厘米

胎色灰白，釉色泛青。形同DVIIMI：938，唯腹部较深。

Celadon Basin

Mouth diameter: 26.2 cm　Bottom diameter: 10.4 cm

Height: 11.2 cm

74 青瓷盆组合

A set of Celadon Basins

75 青瓷盘　WHDVIIM1∶971

口径17.3厘米　底径7.2厘米　高4.4厘米

胎色灰白，釉色泛黄。直口，直腹，平底，
口下贴四个铺首，沿面及上腹部饰刻划水波纹。

Celadon Plate

Mouth diameter: 17.3 cm　Bottom diameter: 7.2 cm

Height: 4.4 cm

76 青瓷盘　WHDⅦM1：518

　　口径18.4厘米　底径7.8厘米　高3.6厘米

　　胎色灰白，釉色泛青。形同DⅦM1：971。

Celadon Plate

Mouth diameter: 18.4 cm　Bottom diameter: 7.8 cm

Height: 3.6 cm

77 青瓷盘　WHDⅦM1：524

　　口径16.6厘米　底径8厘米　高3.5厘米

　　胎色灰白，釉色泛青。形同DⅦM1：971。

Celadon Plate

Mouth diameter: 16.6 cm　Bottom diameter: 8 cm

Height: 3.5 cm

78 青瓷盘组合

A set of Celadon Plates

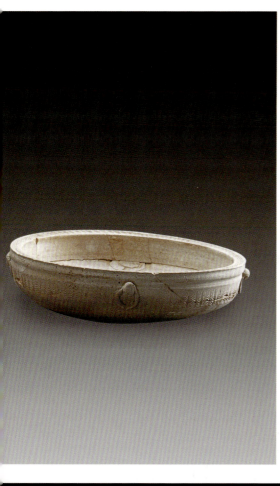

79 青瓷盘组合

A set of Celadon Plates

80 青瓷三足盘　WHDⅦM1：944

　　口径27.4厘米　底径15厘米　高6.6厘米

　　胎色灰白，釉色泛青。直口，直腹，口下贴有四个铺首，上腹部饰水波纹，下部斜折，平底，三矮蹄足。

Celadon Plate Tripod

Mouth diameter: 27.4 cm　Bottom diameter: 15 cm

Height: 6.6 cm

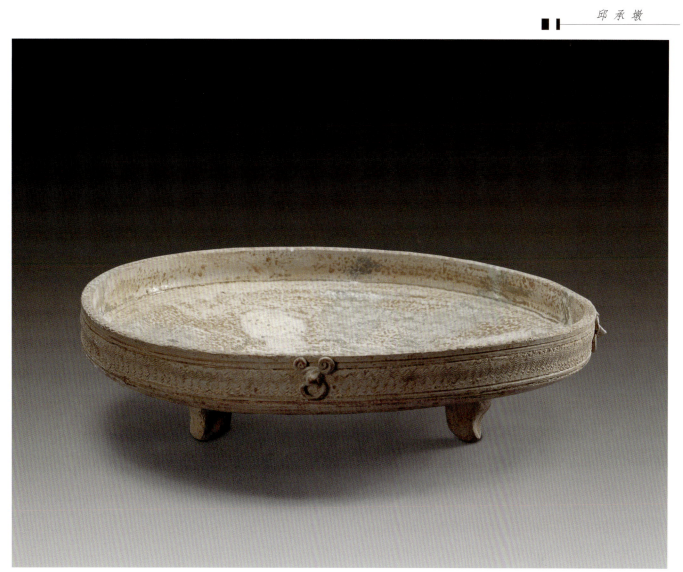

81 青瓷三足盘　WHDⅦM1：527

口径26.4厘米　底径9厘米　高6.3厘米

胎色灰白，釉色泛青。形同DⅧM1：944。

Celadon Plate Tripod

Mouth diameter: 26.4 cm　Bottom diameter: 9 cm

Height: 6.3 cm

82 青瓷三足盘　WHDⅦM1：882

口径27.2厘米　底径8.8厘米　高6.6厘米

胎色灰白，釉色泛青。形同DⅦM1：944。

Celadon Plate Tripod

Mouth diameter: 27.2 cm　Bottom diameter: 8.8 cm

Height: 6.6 cm

83 青瓷三足盘　WHDⅦM1：941

口径22.5厘米　底径11.1厘米　高5.2厘米

胎色灰白，釉色泛黄。形同DⅦM1：944，

唯沿面及口沿外侧饰戳印的"C"形纹，沿下贴

四个圆饼状饰。

Celadon Plate Tripod

Mouth diameter: 22.5 cm　Bottom diameter: 11.1 cm

Height: 5.2 cm

84 青瓷三足盘　WHDⅦM1：942

　　口径22.5厘米　底径10.9厘米　高4.8～5.2厘米

　　胎色灰白，釉色泛青。形同DⅦM1：944，

唯沿面及沿外侧饰斜刻划纹。

Celadon Plate Tripod

Mouth diameter: 22.5 cm　Bottom diameter: 10.9 cm

Height: 4.8~5.2 cm

85 青瓷三足盘　WHDⅦM1：512

　　口径17.6厘米　底径14厘米　高4.5厘米

　　胎色灰白，釉色泛黄。形同DⅦM1：944。

Celadon Plate Tripod

Mouth diameter: 17.6 cm　Bottom diameter: 14 cm

Height: 4.5 cm

86 青瓷三足盘　WHDVⅡM1：38

口径23.8厘米　底径12厘米　高5.2～5.8厘米

胎色灰白，釉色泛青。形同DⅦM1：944。

Celadon Plate Tripod

Mouth diameter: 23.8 cm　Bottom diameter: 12 cm

Height: 5.2~5.8 cm

87 青瓷三足盘　WHDVⅡM1：594

口径25.4厘米　底径9厘米　高6.6厘米

胎色灰白，釉色泛青。形同DⅦM1：944。

Celadon Plate Tripod

Mouth diameter: 25.4 cm　Bottom diameter: 9 cm

Height: 6.6 cm

88 青瓷三足盘　WHDVⅢM1：528

口径25.9厘米　底径8.5厘米　高6厘米

胎色灰白，釉色泛青。形同DⅦM1：944。

Celadon Plate Tripod

Mouth diameter: 25.9 cm　Bottom diameter: 8.5 cm

Height: 6 cm

89 青瓷三足盘　WHDVⅢM1：883

口径24.9厘米　底径8.7厘米　高5.4厘米

胎色灰白，釉色泛青。形同DⅦM1：944，

唯沿面及沿外侧饰刻划纹。

Celadon Plate Tripod

Mouth diameter: 24.9 cm　Bottom diameter: 8.7 cm

Height: 5.4 cm

90 青瓷三足盘　WHDⅦM1：521

口径17.8厘米　高5.8厘米

胎色灰白，釉色泛青。直口，直腹，圜底，三矮蹄足，口下贴4个铺首，沿面及腹部饰

水波纹。

Celadon Plate Tripod

Mouth diameter: 17.8 cm　Height: 5.8 cm

91 青瓷三足盘　WHDⅦM1：874

口径18.9厘米　高5.1厘米

胎色灰白，釉色泛青。形同DⅦM1：521。

Celadon Plate Tripod

Mouth diameter: 18.9 cm　Height: 5.1 cm

92 青瓷三足盘　WHDVIIM1：519

口径18厘米　高5.2厘米

胎色灰白，釉色泛青。形同DVIIM1：521。

93 青瓷三足盘　WHDVIIM1：884

口径22.2厘米　高6.3厘米

胎色灰白，釉色泛青。形同DVIIM1：521。

Celadon Plate Tripod

Mouth diameter: 18 cm　Height: 5.2 cm

Celadon Plate Tripod

Mouth diameter: 22.2 cm　Height: 6.3 cm

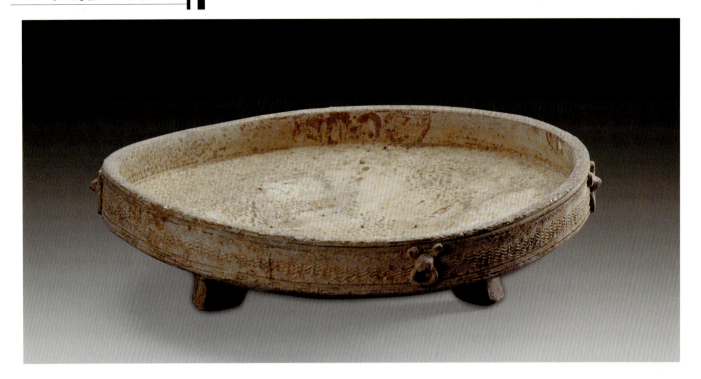

94 青瓷三足盘　WHDVIIM1：700

　口径22.2厘米　高6.4厘米

　胎色灰白，釉色泛黄。形同DVIIM1：521。

95 青瓷三足盘　WHDVIIM1：940

　口径19.1厘米　高4.8厘米

　胎色灰白，釉色泛黄。形同DVIIM1：521。

Celadon Plate Tripod

Mouth diameter: 22.2 cm　Height: 6.4 cm

Celadon Plate Tripod

Mouth diameter: 19.1 cm　Height: 4.8 cm

96 青瓷三足盘　WHD VII M1：520

口径24.9厘米　高6.1厘米

胎色灰白，釉色泛黄。形同D VII M1：521。

Celadon Plate Tripod

Mouth diameter: 24.9 cm　Height: 6.1 cm

97 青瓷三足盘　WHD VII M1：593

口径23.7厘米　高5.7厘米

胎色灰白，釉色泛青。形同D VII M1：521。

Celadon Plate Tripod

Mouth diameter: 23.7 cm　Height: 5.7 cm

98 青瓷三足盘组合

A set of Celadon Plate Tripods

99 青瓷钵　WHDVIIM1：525

口径18.1厘米　底径6.4厘米　高4.2厘米

胎色灰白，釉色泛黄。敛口，弧腹，小平底，口下贴四个简化的衔环铺首。

Celadon Bo Bowl

Mouth diameter: 18.1 cm　Bottom diameter: 6.4 cm

Height: 4.2 cm

100 青瓷钵　WHDVIIM1：597

口径19.2厘米　高4.6厘米

胎色灰白，釉色泛青。敛口，弧腹，圜底近

平，口下贴四个简化的衔环铺首。

Celadon Bo Bowl

Mouth diameter: 19.2 cm　Height: 4.6 cm

101 青瓷钵　WHDVIIM1：951

口径20.2厘米　底径10.4厘米　高7.6厘米

胎色灰白，釉色泛黄。直口微敛，深弧腹，平底，上腹部饰凹弦纹。

Celadon Bo Bowl

Mouth diameter: 20.2 cm　Bottom diameter: 10.4 cm

Height: 7.6 cm

102 青瓷钵　WHDVⅡM1：523

口径20.1厘米　底径7.8厘米　高6.6厘米

胎色灰白，釉色泛黄。形同DⅧM1：951，
上腹部饰水波纹。

Celadon Bo Bowl

Mouth diameter: 20.1 cm　Bottom diameter: 7.8 cm

Height: 6.6 cm

103 青瓷钵组合

A set of Celadon Bo Bowls

104 青瓷虎子　WHDⅦM1：534

底径12.4厘米　通高20.6厘米

胎色灰白，釉色泛黄。弧顶，弧腹，大平底，肩部有一提梁，前有一管状流，流上有梯形

缺口。

Celadon Huzi Vessel

Bottom diameter: 12.4 cm　Height: 20.6 cm

105 青瓷扁腹壶 WHDⅦM1：851

口径7.5厘米 底径8.2厘米 高9.4厘米

胎色灰白，釉色泛黄。直口，高领，扁腹，平底，腹上贴对称的铺首，颈、肩、腹部饰水波纹。

Celadon Flat-belly Hu Vessel

Mouth diameter: 7.5 cm Bottom diameter: 8.2 cm

Height: 9.4 cm

106 青瓷扁腹壶　WHDVIIM1：770

口径6.6厘米　底径8.6厘米　高8.6厘米

胎色灰白，釉色泛黄。形同DVIIM1：851，唯

领部无水波纹。

Celadon Flat-belly Hu Vessel

Mouth diameter: 6.6 cm　Bottom diameter: 8.6 cm

Height: 8.6 cm

107 青瓷扁腹壶　WHDⅦM1：894

口径6厘米　底径8.5厘米　高7.5厘米

胎色灰白，釉色泛青。形同DⅦM1：851。

Celadon Flat-belly Hu Vessel

Mouth diameter: 6 cm　Bottom diameter: 8.5 cm　Height:

7.5 cm

108 青瓷扁腹壶　WHDVIIM1：531

　　口径6.2厘米　底径7.3厘米　高7.5厘米

　　胎色灰白，釉色泛黄。形同DVIIM1：851。

Celadon Flat-belly Hu Vessel

Mouth diameter: 6.2 cm　Bottom diameter: 7.3 cm

Height: 7.5 cm

109 青瓷扁腹壶 WHDⅦM1：532

口径5.7厘米 底径7.1厘米 高5.8厘米

胎色灰白，釉色泛黄。形同DⅦM1：851。

Celadon Flat-belly Hu Vessel

Mouth diameter: 5.7 cm Bottom diameter: 7.1 cm

Height: 5.8 cm

110 青瓷扁腹壶组合

A set of Celadon Flat-belly Hu Vessels

111 青瓷小豆　WHDVⅡM1∶903

口径9.5厘米　足径5.2厘米　高4.4厘米

胎色灰白，釉色泛黄。直口，浅弧腹，矮圈
足外撇。

112 青瓷小豆组合

Small Celadon Stemmed Dou Plate

Mouth diameter: 9.5 cm　Stem diameter: 5.2 cm

Height: 4.4 cm

A set of Small Celadon Stemmed Dou Plates

113 单把硬陶小罐 WHDVIIM1：53

口径5.2厘米 底径5厘米 高7厘米

绛褐色硬陶。敛口，球腹，平底，一侧贴一衔环铺首，另一侧出一兽首把，通体饰细麻布纹。

Small Single-handle Stoneware Pot

Mouth diameter: 5.2 cm Bottom diameter: 5 cm Height: 7 cm

114 硬陶小罐 WHDVIIM1：56

口径4.9厘米 底径5.5厘米 高5.8厘米

绛褐色硬陶。敛口，球腹，平底，肩部贴对称的衔环铺首，通体饰细麻布纹。

Small Stoneware Pot

Mouth diameter: 4.9 cm Bottom diameter: 5.5 cm Height: 5.8 cm

115 硬陶小罐　WHDVⅡM1：49

口径4.4厘米　底径5厘米　高6厘米

形同DⅦM1：56。

Small Stoneware Pot

Mouth diameter: 4.4 cm　Bottom

diameter: 5 cm　Height: 6 cm

116 硬陶带盖小罐　WHDVⅡM1：52

口径4.8厘米　底径5.5厘米　通高6.4厘米

绛褐色硬陶。敛口，球腹，平底，盖弧顶，六角形捉手，肩部贴对称的双贯耳，通体饰细麻布纹。

Small Lidded Stoneware Pot

Mouth diameter: 4.8 cm　Bottom

diameter: 5.5 cm　Height: 6.4 cm

117 硬陶带盖小罐　WHDVIIM1：55

口径5.2厘米　底径5.6厘米　通高10.2厘米

灰色硬陶。敛口，球腹，平底，盖弧顶，六角形捉手，肩部贴对称的衔环铺首，素面。

Small Lidded Stoneware Pot

Mouth diameter: 5.2 cm　Bottom diameter: 5.6 cm　Height: 10.2 cm

118 硬陶带盖小罐　WHDVIIM1：922

口径6.6厘米　底径6.8厘米　通高9.6厘米

绛褐色硬陶。口微侈，垂腹，大平底，通体饰细麻布纹；盖面圆鼓，圆形捉手，素面。

Small Lidded Stoneware Pot

Mouth diameter: 6.6 cm　Bottom diameter: 6.8 cm　Height: 9.6 cm

119 硬陶带盖小罐组合
A set of Small Lidded Stoneware Pots

120 硬陶三足小罐　WHDⅦM1：781

口径8.4厘米　底径7.6厘米　通高8.8厘米

绛褐色硬陶。口微侈，垂腹，大平底，三矮蹄足，通体饰细麻布纹。

Small Stoneware Pot Tripod

Mouth diameter: 8.4 cm　Bottom diameter: 7.6 cm

Height: 8.8 cm

121 硬陶三足小罐　WHDⅦM1：780

口径9厘米 底径8.2厘米 通高9.8厘米

形同DⅦM1：781。

Small Stoneware Pot Tripod

Mouth diameter: 9 cm　Bottom diameter: 8.2 cm

Height: 9.8 cm

122 青瓷角形器　WHDⅦM1：360

底径6.5厘米　高10.1厘米

胎色灰白，釉色泛青。角形，中空。

Celadon Horn-shaped Object

Bottom diameter: 6.5 cm　Height: 10.1 cm

123 青瓷角形器　WHDⅦM1：242

底径6厘米　高14.5厘米

胎色灰白，釉色泛青。形同DⅦM1：360。

Celadon Horn-shaped Object

Bottom diameter: 6 cm　Height: 14.5 cm

124 青瓷角形器　WHDⅦM1：163

底径5.4厘米　高15.2厘米

胎色灰白，釉色泛青。形同DⅦM1：360。

Celadon Horn-shaped Object

Bottom diameter: 5.4 cm　Height: 15.2 cm

125 青瓷角形器组合

A set of Celadon Horn-shaped Objects

126 青瓷璧形器　WHDVIIM1：231

外径7.3～7.4厘米　内径2.2～2.5厘米　厚0.7～0.8厘米

胎色灰白，釉色泛青。璧形，器形不甚规整，正反均饰戳印的"C"形或两个"C"形组成的"S"形纹。

Celadon Bi-shaped Object

Outer diameter: 7.3~7.4 cm　Inner diameter: 2.2~2.5 cm　Thickness: 0.7~0.8 cm

127 青瓷璧形器　WHDVIIM1：241

外径7.6厘米　内径3厘米　厚0.8～0.9厘米

胎色灰白，釉色泛青。形同DⅦM1：231。

Celadon Bi-shaped Object

Outer diameter: 7.6 cm　Inner diameter: 3 cm　Thickness: 0.8~0.9 cm

128 青瓷璧形器　WHDVIIM1：359

外径8.2～8.3厘米　内径4.4～4.6厘米　厚1～1.3厘米

胎色灰白，釉色泛青。形同DⅦM1：231。

Celadon Bi-shaped Object

Outer diameter: 8.2~8.3 cm　Inner diameter: 4.4~4.6 cm　Thickness: 1~1.3 cm

129 青瓷璧形器组合

A set of Celadon Bi-shaped Objects

130 青瓷角形器、璧形器组合

A set of Celadon Horn-shaped and Bi-shaped Objects

131 琉璃釉盘蛇玲珑球形器　WHDVIIM1∶9

足径6.7厘米　高5.8厘米

泥质灰白陶。球形，中空，下部为矮圈足，球身由八条蛇组成，蛇身盘成圆圈状，一蛇的口衔另一蛇尾形成玲珑球状，蛇头和蛇身饰点状的蓝色琉璃釉，并以红彩相间。为首次发现的越器。

Color Glazed Ceramic Openwork Snake Ball

Ring-foot diameter：6.7 cm　Height: 5.8 cm

132 琉璃釉盘蛇玲珑球形器　WHDⅦM1：7

足径6.6厘米　高6.4厘米

泥质灰白陶。形同DⅧM1：9。

Color Glazed Ceramic Openwork Snake Ball

Ring-foot diameter：6.6 cm　Height: 6.4 cm

133 琉璃釉盘蛇玲珑球形器　WHDVIIM1：7、9

Color Glazed Ceramic Openwork Snake Balls

134 泥质灰陶璧形器　WHDVIIM1：96

外径12.8厘米　内径7.5厘米　厚0.7
厘米

璧形，两面饰戳印的"C"形纹。

Fine Clay Gray Bi-shaped Object

Outer diameter: 12.8 cm　Inner diameter:

7.5 cm　Thickness: 0.7 cm

135 泥质灰陶璧形器　WHDVIIM1：176

外径8厘米　内径3.4厘米　厚0.55厘米

璧形，两面饰戳印的"C"形纹。

Fine Clay Gray Bi-shaped Object

Outer diameter: 8 cm　Inner diameter: 3.4

cm　Thickness: 0.55 cm

136 泥质灰陶璧形器　WHDVIIM1：95

　　外径13厘米　内径6.2厘米　厚0.7厘米

　　璧形，两面饰戳印的"C"形纹。

Fine Clay Gray Bi-shaped Object

Outer diameter: 13 cm　Inner diameter:

6.2 cm Thickness: 0.7 cm

鸿山越墓出土礼器

137 泥质灰陶璧形器　WHDVIIM1：177

　　外径8.4厘米　内径4.6厘米　厚0.6
厘米

　　璧形，器形规整，两面均饰戳印
的"C"形纹或两个"C"形纹组成的
"S"纹带，间以细弦纹。

Fine Clay Gray Bi-shaped Object

Outer diameter: 8.4 cm　Inner diameter: 4.6

cm Thickness: 0.6 cm

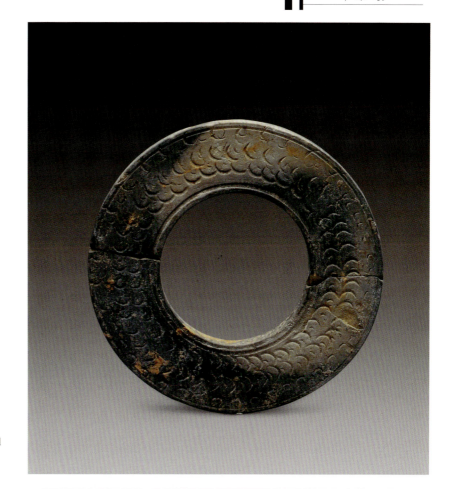

138 泥质灰陶璧形器　WHDVIIM1：101

外径7.9厘米　内径4.1厘米　厚0.5厘米

璧形，两面饰戳印的"C"形纹。

Fine Clay Gray Bi-shaped Object

Outer diameter: 7.9 cm　Inner diameter: 4.1

cm　Thickness: 0.5 cm

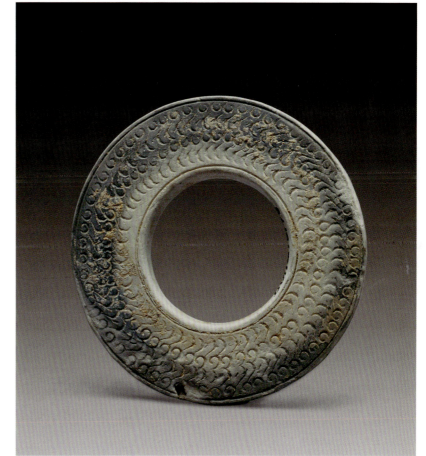

139 泥质灰陶璧形器　WHDVIIM1：178

外径9.9厘米　内径4.7厘米　厚0.6

厘米

璧形，器形规整，两面均饰戳印

间以细弦纹的"C"形纹。

Fine Clay Gray Bi-shaped Object

Outer diameter: 9.9 cm　Inner diameter:

4.7 cm　Thickness: 0.6 cm

140 泥质灰陶璧形器组合

A set of Fine Clay Gray Bi-shaped Objects

141 泥质灰陶角形器　WHDⅦM1：233、326、352

　　DⅥM1：233　底径9.8~10.4厘米　高11.1厘米

　　DⅥM1：326　底径9.8~10.8厘米　高13.3厘米

　　DⅥM1：352　底径9~10.1厘米　高14.4厘米

角形，椭圆形座，中空。

Fine Clay Gray Horn-shaped Objects

　　DⅥM1：233　Bottom diameter: 9.8~10.4 cm　Height:

11.1 cm

　　DⅥM1：326　Bottom diameter: 9.8~10.8 cm　Height:

13.3 cm

　　DⅥM1：352　Bottom diameter: 9~10.1 cm　Height:

14.4 cm

142 泥质灰陶角形器　WHDⅦM1：329、192、168

　　DⅥM1：329　底径9.2厘米　高15.8厘米

　　DⅥM1：192　底径8.8厘米　高15.6厘米

　　DⅥM1：168　底径8.2厘米　高13厘米

角形，圆形座，座边缘戳有一周小圆孔，

中空。

Fine Clay Gray Horn-shaped Objects

　　DⅥM1：329　Bottom diameter: 9.2 cm　Height:

15.8 cm

　　DⅥM1：192　Bottom diameter: 8.8 cm　Height:

15.6 cm

　　DⅥM1：168　Bottom diameter: 8.2 cm　Height:

13 cm

邹家墩　老坟墩

ZOUJIADUN　LAOFENDUN

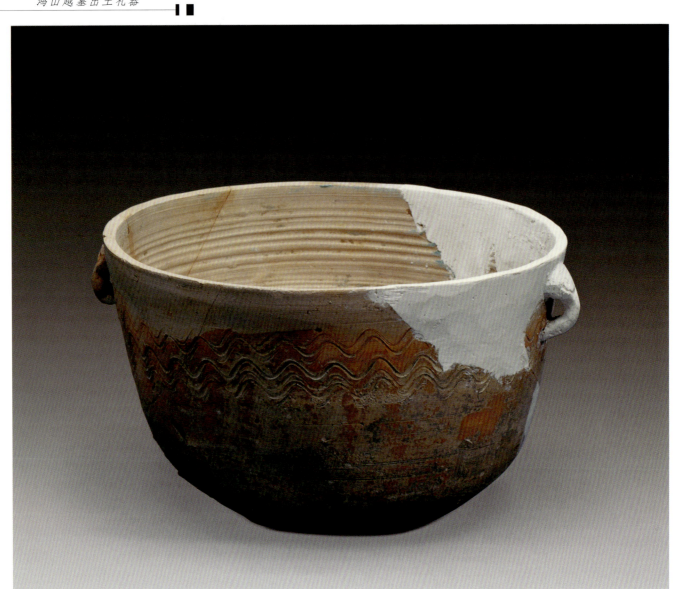

143 青瓷双耳直腹钵　　WHDIVM1：11

　　口径16厘米　底径9厘米　高9.2厘米

　　胎色灰白，釉色泛黄。直口，斜腹，平底，口下有对称的变形铺首耳，上腹部饰水波纹。

Celadon Double-handles Straight-Belly Bo Bowl

　　Mouth diameter: 16 cm　Bottom diameter: 9 cm

Height: 9.2 cm

144 青瓷带盖小盂　WHDIVM1：17

口径4.9厘米　盖径5.1厘米　底径3.5厘米　通高4.6厘米

胎色灰白，釉色泛黄。口微侈，弧腹，平底，盖微鼓，桥钮，"S"形泥条堆饰，周饰数道细密的弦纹。

Small Celadon Lidded Yu Vessel

Mouth diameter: 4.9 cm　Lid diameter: 5.1 cm　Bottom diameter: 3.5 cm　Height: 4.6 cm

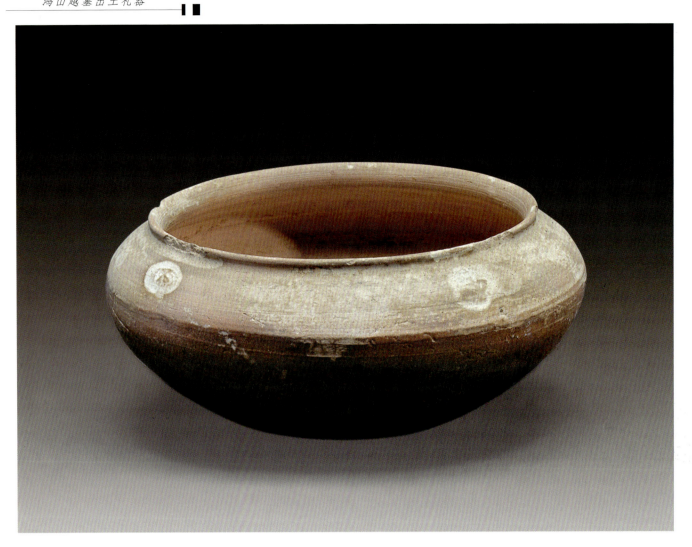

145 硬陶盂　WHDⅣM1∶36

口径8厘米 底径4.4厘米 高4.4厘米

绛紫色硬陶。直口，鼓肩，斜腹，平底。

Stoneware Yu Vessel

Mouth diameter: 8 cm Bottom diameter: 4.4 cm Height:

4.4 cm

146 硬陶盅 WHDIVM1：31、34、38、39

DIVM1：31　口径7.2厘米　底径4.8厘米　高2.8厘米

DIVM1：34　口径7厘米　底径5.1厘米　高3.4厘米

DIVM1：38　口径7.2厘米　底径5厘米　高3.2厘米

DIVM1：39　口径7厘米　底径4.6厘米　高3厘米

绛紫色硬陶。直口，直腹或弧腹，平底。

Stoneware Zhong盅 Vessels

DIVM1：31　Mouth diameter: 7.2 cm　Bottom diameter: 4.8 cm　Height: 2.8 cm

DIVM1：34　Mouth diameter: 7 cm　Bottom diameter: 5.1 cm　Height: 3.4 cm

DIVM1：38　Mouth diameter: 7.2 cm　Bottom diameter: 5 cm　Height: 3.2 cm

DIVM1：39　Mouth diameter: 7 cm　Bottom diameter: 4.6 cm　Height: 3 cm

147 泥质黑陶甗形鼎　WHD Ⅱ M1：25

　　口径14厘米　底径8.4厘米　通高11.8厘米

　　直口，束腰，鼓腹，平底，口沿上有对称的
半环耳，足微向外撇。

Fine Clay Black Yan-shaped Ding Tripod

Mouth diameter: 14 cm　Bottom diameter: 8.4 cm

Height: 11.8 cm

148 泥质黑陶釜　WHDⅡM1：8

口径17.2厘米　底径12厘米　高6.8厘米

直口内折，直腹，平底。

Fine Clay Black Fu Pot

Mouth diameter: 17.2 cm Bottom diameter: 12 cm Height:

6.8 cm

149 泥质黑陶甑　WHDⅡM1：14

　　口径18.8厘米　底径11.4厘米　高7.6厘米

　　侈口平沿，腹上部微鼓，下部斜收，平底，
底部有九个圆孔。甑与釜可能为一套。

Fine Clay Black Zeng Vessel

Mouth diameter: 18.8 cm　Bottom diameter: 11.4 cm

Height: 7.6 cm

150 泥质灰陶釜　WHD Ⅱ M1：9

口径13.2厘米　底径9.6厘米　通高5.6厘米

侈口，直壁，平底，口上一侧立一小半圆形
耳，一侧立一大半圆形耳。

Fine Clay Gray Fu Pot

Mouth diameter: 13.2 cm　Bottom diameter: 9.6 cm

Height: 5.6 cm

151 硬陶带盖三足盂　WHDⅡM1：19

口径7.8厘米　盖径8.6厘米　底径6.8厘米　通高
5.6厘米

绛紫色硬陶。直口，腹中部外鼓，贴三个立

鸟，平底，三矮蹄足，盖面微鼓，立鸟形钮。

Stoneware Lidded Yu Tripod

Mouth diameter: 7.8 cm　Lid diameter: 8.6 cm　Bottom

diameter: 6.8 cm　Height: 5.6 cm

152 硬陶带盖盂　WHD Ⅱ M1：48

口径7.6厘米　盖径9.6厘米　底径4厘米　通高5厘米

形同D Ⅱ M1：19，无足，肩上部饰细麻布纹。

Stoneware Lidded Yu Tripod

Mouth diameter: 7.6 cm Lid diameter: 9.6 cm Bottom diameter: 4 cm Height: 5 cm

153 硬陶带盖三足盂组合　WHD Ⅱ M1：15、18、

19、40、46

DⅡM1：15　口径7厘米　盖径7.8厘米　底径

4.8厘米　通高5.6厘米

DⅡM1：18　口径7.6厘米　盖径8.8厘米　底径

6.4厘米　通高5.5厘米

DⅡM1：19　口径7.8厘米　盖径8.6厘米　底径

6.8厘米　通高5.6厘米

DⅡM1：40　口径8.1厘米　盖径9.1厘米　底径

6.8厘米　通高5.8厘米

DⅡM1：46　口径7.2厘米　盖径8.5厘米　底径

5.4厘米　通高6厘米

A set of Stoneware Lidded Yu Tripods

DⅡM1：15　Mouth diameter: 7 cm　Lid diameter:
7.8 cm Bottom diameter: 4.8 cm　Height: 5.6 cm

DⅡM1：18　Mouth diameter: 7.6 cm　Lid diameter:
8.8 cm Bottom diameter: 6.4 cm　Height: 5.5 cm

DⅡM1：19　Mouth diameter: 7.8 cm　Lid diameter:
8.6 cm Bottom diameter: 6.8 cm　Height: 5.6 cm

DⅡM1：40　Mouth diameter: 8.1 cm　Lid diameter:
9.1 cm Bottom diameter: 6.8 cm　Height: 5.8 cm

DⅡM1：46　Mouth diameter: 7.2 cm　Lid diameter:
8.5 cm Bottom diameter: 5.4 cm　Height: 6 cm

154 青瓷杯组合　WHDⅡM1∶5、16、17、49、52

　　DⅡM1∶5　口径8.6厘米　底径4.6厘米　高5.3厘米

　　DⅡM1∶16　口径8.3厘米　底径4.7厘米　高5.5厘米

　　DⅡM1∶17　口径8.4厘米　底径5.4厘米　高5.3厘米

　　DⅡM1∶49　口径8.4厘米　底径4.8厘米　高5.6厘米

　　DⅡM1∶52　口径8.8厘米　底径4.8厘米　高5.8厘米

A set of Celadon Cups

　　DⅡM1∶5　Mouth diameter: 8.6 cm　Bottom diameter: 4.6 cm　Height: 5.3 cm

　　DⅡM1∶16　Mouth diameter: 8.3 cm　Bottom diameter: 4.7 cm　Height: 5.5 cm

　　DⅡM1∶17　Mouth diameter: 8.4 cm　Bottom diameter: 5.4 cm　Height: 5.3 cm

　　DⅡM1∶49　Mouth diameter: 8.4 cm　Bottom diameter: 4.8 cm　Height: 5.6 cm

　　DⅡM1∶52　Mouth diameter: 8.8 cm　Bottom diameter: 4.8 cm　Height: 5.8 cm

万 家 坟
WANJIAFEN

155 硬陶提梁罐 　WHDVIM1 : 191

口径9厘米　底径10.9厘米　通高23.2厘米

灰褐色硬陶。口微侈，溜肩，肩部有截面为
六边形的提梁，提梁饰刻划的斜线纹、"C"形
纹，两侧出鸡冠状脊刺，两端出兽首和兽尾，鼓

腹，平底，盖微弧，桥钮。为罕见的越器。

Stoneware Loop-Handled Pot

Mouth diameter: 9 cm　Bottom diameter: 10.9 cm

Height: 23.2 cm

156 泥质红陶盉 　WHDVIM1 : 1

口径9.6厘米　底径15.6厘米　通高19.1厘米

直口，弧腹，肩部有提梁，提梁两侧出鸡冠
状饰，一端出一兽首，上腹部饰刻划的"C"形
纹，平底，三矮足，盖平顶，四坡形钮，中有一

环，周饰戳印的"C"形纹带。

Fine Clay Red He Vessel

Mouth diameter: 9.6 cm　Bottom diameter: 15.6 cm

Height: 19.1 cm

157 泥质红陶匜　WHDVIM1∶412

　　口径26.3×29.3厘米　底径18.5厘米　高9.2厘米

　　椭圆形，敛口，弧腹，平底，一侧出一瓦状

流，对应的一侧贴一衔环铺首，上腹部饰戳印的

"C"形纹带。

Fine Clay Red Yi Vessel

Mouth diameter: 26.3×29.3 cm　Bottom diameter:

18.5 cm　Height: 9.2 cm

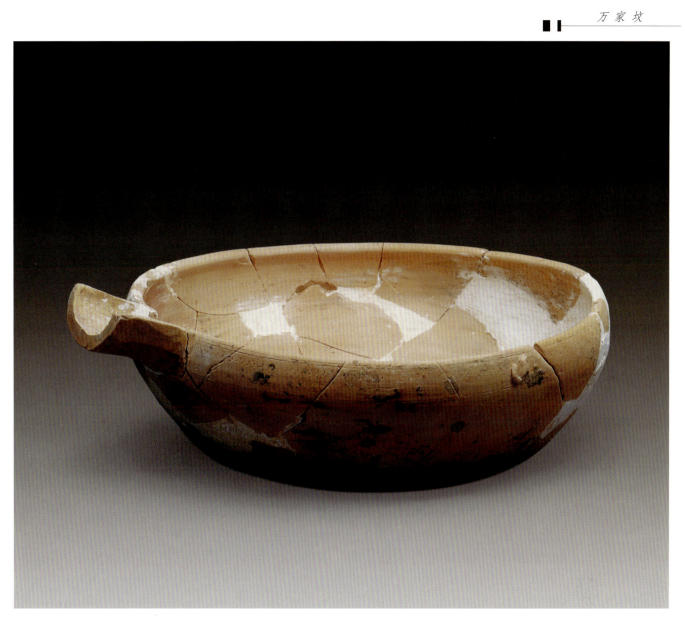

158 泥质红陶匜　　WHDVIM1：359

口径27.3×29.6厘米　底径19.3厘米　高9.2厘米

形同DⅥM1：412，唯贴三个衔环铺首。

Fine Clay Red Yi Vessel

Mouth diameter: 27.3×29.6 cm　Bottom diameter:

19.3 cm　Height: 9.2 cm

159 泥质红陶炉盘　WHDVIM1：248

口径31.2厘米　底径26厘米　通高6.2厘米

口沿内折，斜肩，肩部贴三个衔环铺首，沿面及肩部饰戳印的"C"形纹带，斜腹，平底，底部有三个细条形镂孔。

Fine Clay Red Plate-shaped Stove

Mouth diameter: 31.2 cm　Bottom diameter: 26 cm

Height: 6.2 cm

160 泥质红陶三足炉盘　WHDVIM1：231

口径30厘米　底径25.2厘米　通高7.8厘米

形同DM1：248，底部有三矮足。

Fine Clay Red Plate-shaped Stove with three feet

　　Mouth diameter: 30 cm　Bottom diameter: 25.2 cm Height: 7.8 cm

161 泥质红陶四足炉盘　WHDVIM1：349

口径38.4厘米　底径31厘米　通高7.6厘米

形同DM1：248，圜底，底部有四矮足。

Fine Clay Red Plate-shaped Stove with four feet

　　Mouth diameter: 38.4 cm　Bottom diameter: 31 cm Height: 7.6 cm

162 硬陶炙炉　WHDVIM1：205

　　长35.2厘米　宽33.6厘米　通高9.2厘米

　　灰褐色硬陶。弧边方形，四角上翘，弧腹，腹上部各有两个四坡形钮，并有泥条盘成的"S"

堆饰，沿面及上腹部饰戳印的"C"形纹，底内凹，四足，微向外撇。为首次发现的越器。

Stoneware Plate-shaped Roaster

Length: 35.2 cm　Width: 33.6 cm　Height: 9.2 cm

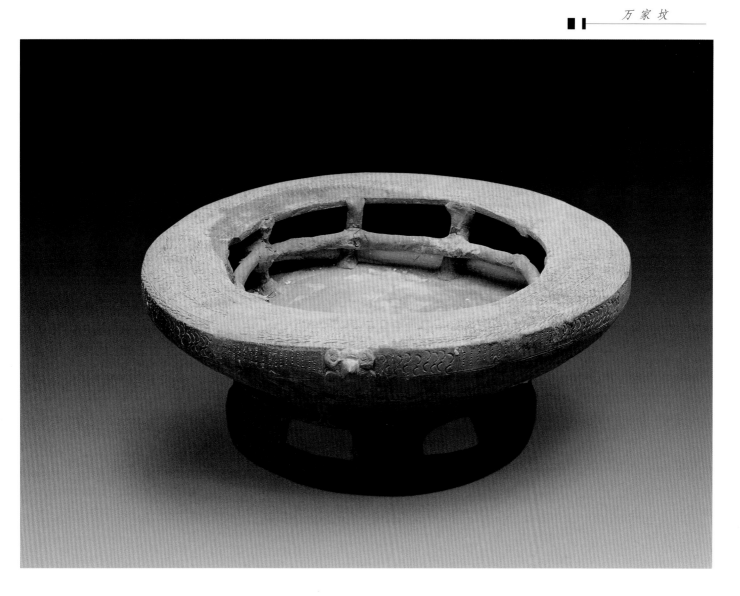

163 硬陶圈足炉盘 WHDVIM1：405

外径29.9厘米 内口径19.6厘米 足径19.7厘米
通高11.5厘米

灰褐色硬陶。沿内折，斜腹，沿面及上腹部
饰极细的斜刻划纹、戳点纹、"C"形纹，上腹
部贴四个四坡钮及"S"形泥条，平底，大圈足，

足上有梯形镂孔，腹内有数道纵向和一道横向泥
条。为首次发现的越器。

Stoneware Ring-footed Plate-shaped Stove

Outer diameter: 29.9 cm   Inner diameter: 19.6 cm

Ring-foot diameter: 19.7 cm   Height: 11.5 cm

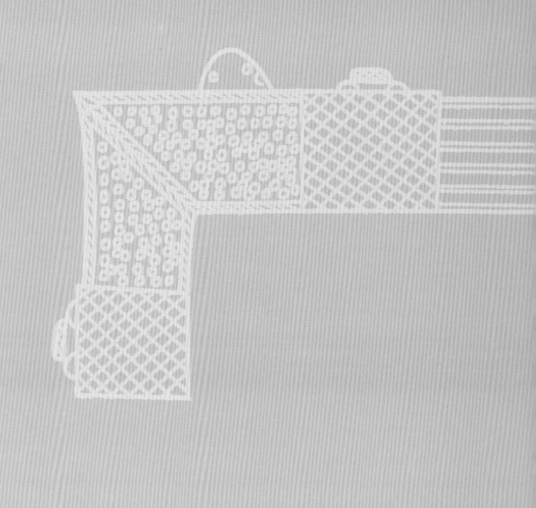
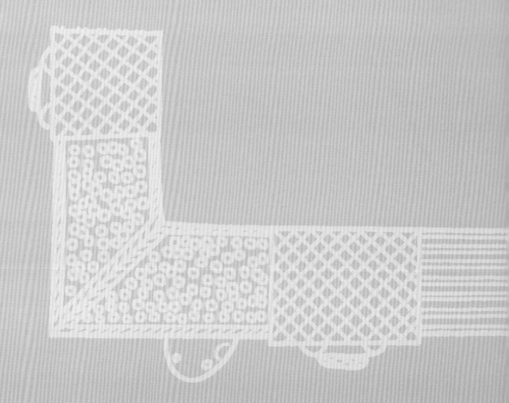

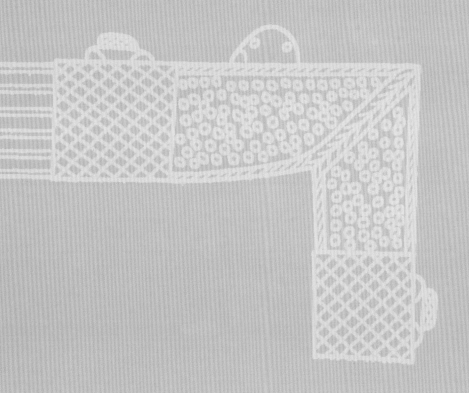

老 虎 墩

LAOHUDUN

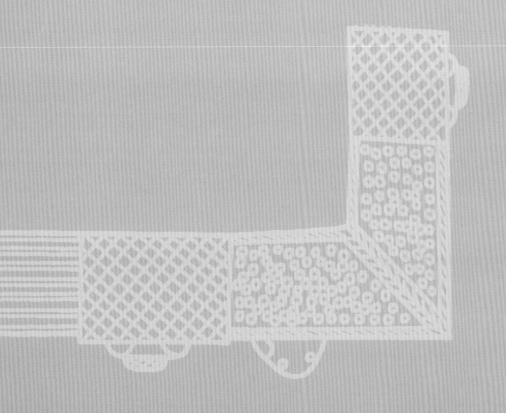

164 硬陶罍 WHDIC：169

口径13.6厘米 盖径15.6厘米 底径16.8厘米 通高26.8厘米

灰色硬陶。直口，弧腹，平底，肩部有对称的耳，耳上部为相背的双鸟，耳内套圆环，盖弧顶，立一鸟形钮。

Stoneware Lei Vessel

Mouth diameter: 13.6 cm Lid diameter: 15.6 cm Bottom diameter: 16.8 cm Height: 26.8 cm

165 硬陶罐　WHDIC：168

　　口径15.3厘米　底径13.5厘米　通高17厘米

　　灰色硬陶。侈口，溜肩，弧腹，平底，肩部
两侧立对称的半环耳。

Stoneware Pot

Mouth diameter: 15.3 cm　Bottom diameter: 13.5 cm

Height: 17 cm

166 硬陶盉 WHDDIC：172

口径11.6厘米 盖径13.1厘米 底径15.2厘米 通高22.4厘米

绛紫色硬陶。直口，弧腹，平底，三蹄足微向外撇，肩部两侧立对称的半环耳，两耳之间出一管状兽首流，盖弧顶，立一鸟形钮。为首次发现的越器。

Stoneware He Vessel

Mouth diameter: 11.6 cm Lid diameter: 13.1 cm

Bottom diameter: 15.2 cm Height: 22.4 cm

167 硬陶盉　WHDDIC：172

Stoneware He Vessel

168 硬陶兽面鼎　　WHDIC：145

口径10厘米　底径7.2厘米　通高8.5厘米

深灰色硬陶。敛口，弧腹，小平底，矮蹄
足，口沿一侧立一兽面，一侧贴一衔环铺首。

Stoneware Ding Tripod with Beast Mask
Design

Mouth diameter: 10 cm　Bottom diameter: 7.2 cm

Height: 8.5 cm

169 硬陶兽面鼎　WHDIC：145

Stoneware Ding Tripod with Beast Mask Design

170 硬陶兽面鼎　　WHDIC：144

口径14厘米　底径9.2厘米　通高12.7厘米

黄褐色硬陶。直口，平沿，斜腹，平底，矮
蹄足外撇，口沿的一侧立一兽面，相对的一侧贴
一衔环铺首,另两侧立对称的方耳。

Stoneware Ding Tripod with Beast Mask
Design

Mouth diameter: 14 cm　Bottom diameter: 9.2 cm

Height: 12.7 cm

171 硬陶兽面鼎　WHDIC：144

Stoneware Ding Tripod with Beast Mask Design

172 硬陶沥水器　WHDIC：173

口径24.6厘米　底径14.4厘米

通高14厘米

紫褐色硬陶。侈口，斜腹，

上腹部贴对称的环耳，平底，底

部有一沥水用的圆孔。

Stoneware Bowl Container of

Bowl Washer

Mouth diameter: 24.6 cm　Bottom

diameter: 14.4 cm　Height: 14 cm

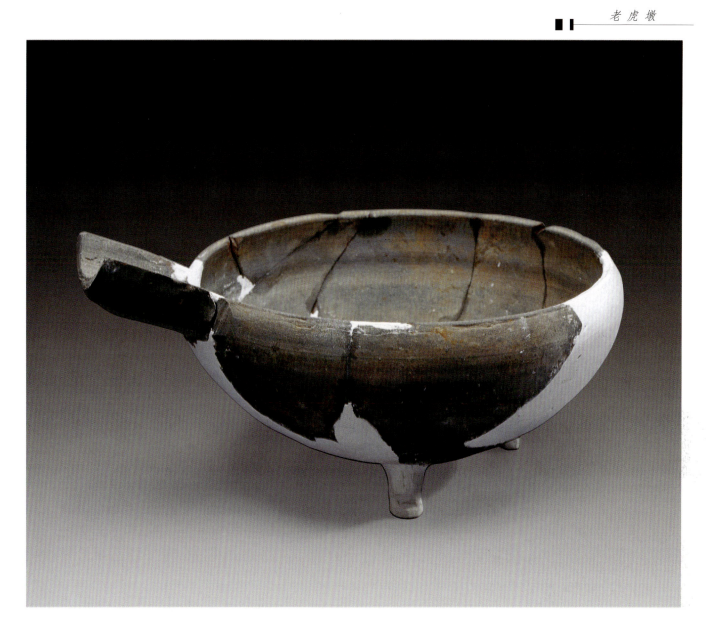

173 硬陶三足匜　WHDIC：146

口径17.4×22厘米　底径10.4厘米　通高11.4
厘米

深灰色硬陶。敛口，弧腹，平底，矮蹄足，

一侧出一瓦状流，对应的一侧贴一衔环铺首。

Stoneware Yi Tripod

Mouth diameter: 17.4×22 cm　Bottom diameter: 10.4
cm　Height: 11.4 cm

174 硬陶圈足炉盘　WHDIC：174

　　口径28.8厘米　底径22.6厘米　通高9厘米

　　灰褐色硬陶。沿内折，弧腹，上腹部贴两个衔环铺首，沿面及上腹部饰水波纹，平底，大圈足，足上有梯形镂孔。

Stoneware Ring-footed Plate-shaped Stove

Mouth diameter: 28.8 cm　Bottom diameter: 22.6 cm

Height: 9 cm

175 硬陶炙炉　　WHDIC：175

长38厘米　宽30.2厘米　通高16.2厘米

灰褐色硬陶。长方形，沿内折，四角上翘，斜腹，平底，四个豹形足，腹上部各有两个衔环铺首，沿面及腹部饰戳印的圆圈纹、网格纹、平行线纹。为首次发现的越器。

Stoneware Plate-shaped Roaster

Length: 38 cm　Width: 30.2 cm　Height: 16.2 cm

176 硬陶炙炉　WHDIC：175

Stoneware Plate-shaped Roaster